Wok Kochbuch

85 leckere und vielfältige Rezepte aus der asiatischen Küche für Anfänger und Profis

Zarina Deng

1. Auflage 2021

vertreten durch: Stanislaw Tomczyk
Parisstr. 8, 37079 Göttingen

ISBN-13: 9798595427708

Inhaltsverzeichnis

Vorwort

Zu häufig steht der Wok im Schrank verstaut. Dabei ist er ein tolles Küchengerät und nicht nur für die asiatische Küche gedacht. Man kann darin blanchieren, schmoren, garen, dünsten, braten und kochen, also buchstäblich alles machen. Ein großer Vorteil ist es, dass man alle Zutaten in einer Schüssel schnippeln muss und diese dann direkt im Wok verarbeitet werden können. Von großem Aufwand und viel Arbeit kann man da wohl kaum sprechen. Der Allrounder spart Zeit und bietet eine große Bandbreite an Zubereitungsmöglichkeiten.

Der Wok lässt asiatische Gerichte geschmacklich gut vorheben. In vielen Haushälten hat sich die asiatische Küche mitlerweile eingebürgert und ist kaum noch wegzudenken. Da ist es also nicht verwunderlich, dass der Wok so häufig zum Einsatz kommt. Lasse dich von den Wok Rezepten inspieriren und tauche ein, in eine fremde Kultur. Es wird ein echter Gaumenschmaus werden, wo auch die Gäste von profitieren können.

Was macht den Wok so besonders?

Dadurch das der Wok wie eine Halbkugel gewölbt ist, wird er unten besonders heiß und an den Seiten ist er kühler. Man könnte also zuerst das Fleisch anbraten und es dann an den Rand schieben. Dann lässt sich in der heißen Mitte das Gemüse garen. Selbstverständlich sind Woks nicht für die Herdplatte gedacht, sondern für den Gasherd. Wer keinen Gasherd hat der kann sich entweder einen Wokbrenner besorgen oder eine Wok-Pfanne. Für den Einstieg reicht ein Wok für 40-50 Euro.

Durch die runde Form kann man die Zutaten besser umrühren, ohne das etwas rausfällt. Durch das Material lässt sich eine hohe Hitze verwenden und damit auch eine kurze Garzeit. Das Gemüse bleibt dadurch schmackhaft und knackig. Die Vitamine werden somit nicht zerstört. Es ist nur wenig Fett oder Öl notwendig, was die Gerichte besonders gesund macht. Wichtig ist es, dass die Zutaten nur nach und nach in den Wok gegeben werden, so kann die Temperatur konstant bleiben und fällt nicht ab. Des Weiteren sollte zügig gerührt werden, damit alles gleichmäßig gegart wird.

Kochtechniken und Tipps

Der Wok ist ein Multitalent und bietet einem viele verschiedene Kochtechniken an. Folgendes lässt sich machen:

Schmoren: Feste Gemüsesorten wie Sellerie, Kartoffeln oder Möhren werden geschmort, da es zum Garen nicht mehr ausreicht. Das Gemüse wird mit etwas Fett unter schnellem Rühren kurz angebraten, anschließend gewürzt und direkt abgelöscht. Dann wird es bei schwacher Hitze zu Ende gegart. Die Garzeit beträgt dabei 3 bis 30 Minuten und variiert je nach Gericht. Wenn der Deckel abgenommen wird, reduziert sich auch die Flüssigkeit. Das Gericht schmeckt demnach würziger und ist sämiger. Ein Schmorgericht sollte immer erst zum Schluss abgeschmeckt und gesalzen werden, da es durch die verdunstete Flüssigkeit zu intensiv schmecken kann.

Braten & Garen: Das Kochen mit dem Wok wird auch „Wirbeln" oder „ Pfannenrühren" genannt. Der trockene Wok wird zunächst einmal erhitzt. Dann kommt erst etwas Fett hinzu und wird mit den Zutaten bei starker Hitze schnell herumgewirbelt. Wichtig ist es, dass man von innen nach rührt.

Dämpfen: Das Dämpfen ist die schonendste Art des Garens. Hierbei werden die Zutaten von Wasserdampf umhüllt, sodass alle Nährstoffe und Vitamine erhalten bleiben. Der Wok wird mit etwas Wasser gefüllt, ein Deckel wird draufgelegt und anschließend wird er zum Kochen gebracht. Man benötigt zusätzlich einen Siebeinsatz, den man hineinstellen kann. Alle Zutaten werden in das Sieb getan und gedämpft.

Frittieren: Beim Frittieren werden die Zutaten mit Öl ausgebacken. Verwendet wird Öl oder Pflanzenfett. Die Zutaten werden darin quasi schwimmend gegart, bis sie goldgelb sind. Frittiert wird bei 160 bis 170°C. Es entsteht ein Hitzeschock und die Oberfläche der Zutaten verschließt sich sofort. Außen entsteht dann eine knusprige Schicht, die das Öl nicht eindringen lässt.

Um das Kochen mit dem Wok so einfach es geht zu gestalten, gibt es ein paar Tipps die man beachten sollte:

- Die Zutaten mit der längsten Garzeit werden zuerst gebraten.
- Alle Zutaten sollen bestenfalls gleichgroß geschnitten werden.
- Als Grundgewürze verwendet man Sojasauce, Salz, etwas Zucker und Reiswein.

- Am besten sind Woks aus Gusseisen oder Edelstahl mit rundem Boden.
- Den Wok macht man mit heißem Wasser und einem Schwamm sauber.
- Gemüse das viel Wasser enthält wie Gurken, Tomaten etc. kommen zum Schluss hinein.
- Den Wok niemals in die Spülmaschine geben und auch nicht mit Spülmittel säubern.
- Als erstes wird immer der Wok erhitzt und dann kommt das Öl hinein. Nach und nach werden dann die Zutaten hinzugefügt.
- Gewürze, Kräuter und Saucen werden zum Schluss untergerührt.
- Das verwendete Fett oder Öl sollte hochwertig sein. Es eignen sich Kokosöl, Butterschmalz, Sesamöl etc.

Wok-Materialien

Woks wurden ursprünglich mal aus Kohlenstoffstahl gefertigt. Heute bevorzugt man die aus Gusseisen. Beide Materialien werden immer noch gerne in China zur Herstellung von Woks verwendet und sind nicht wegzudenken. Welches Material besser ist oder auch beliebter lässt sich so nicht sagen. Dies ist stark von dem Talent des Kochs abhängig.

Schauen wir uns doch mal die verschiedenen Materialien etwas genauer an:

Aluminium

Aluminium sorgt für eine hervorragende Hitzeverteilung im Wok und ist ein guter Wärmeleiter. Allerdings haben Aluminium Woks eine niedrige Wärmekapazität, als seine Konkurrenten. Das bedeutet, dass man den Wok schnell erhitzen kann, er aber auch schnell wieder seine Wärme an die Umwelt weitergibt. Die Hitze wird leider nicht gespeichert. In der westlichen Welt sind solche Woks nur als „Wokpfannen" erhältlich. Sie sind vom Durchmesser her etwas kleiner, haben einen flachen Boden und sind mit einer PTFE Schicht bezogen. Bei so einem Material darf man auf keinen Fall Wok-Wender aus Metall benutzen, sondern muss auf Holz oder Kunststoff zurückgreifen. Die Beschichtung könnte sich sonst beschädigen und das Aluminium würde durchkommen. Im Großen und Ganzen ist ein Aluminium Wok nicht empfehlenswert.

Gusseisen

Es gibt zwei verschiedene Arten vom Gusseisen. Die erste Variante wird nur in der westlichen Welt hergestellt. Diese Woks sind 9 mm dick und sehr schwer. Das macht dann auch Techniken, wie das Pfannenrühren unmöglich. Die zweite Variante ist ein chinesischer dünner Wok aus Gusseisen, der eine dicke von 3 mm beträgt und somit nur etwas schwerer, als ein Wok aus Kohlenstoffstahl ist. Woks aus diesem Material haben die beste Hitzeverteilung und können Wärme gut abspeichern. Allerdings reagieren sie durch diese Eigenschaft langsam auf die Veränderung der Hitzezufuhr. Das bedeutet, dass sie nach dem Kochen sehr lange Zeit brauchen, um sich wieder abzukühlen. Das fertige Essen muss sofort aus dem Wok entfernt werden. Die chinesischen Woks sind durch das dünne Material sehr anfällig und zerbrechlich.

Edelstahl

Die Edelstahl Woks sind typisch für die westliche Welt. Mittlerweile aber, ist sie auch nach Asien übergeschwappt und wird oft verwendet. Kleine Edelstahlwoks werden mit einer Antihaftschicht verkauft, die größeren eher ohne Beschichtung. Edelstahl ist sehr robust hat aber eine schlechte Antihafteigenschaft. Es gibt Hersteller die auch Woks mit Plattierung anbieten.

Kohlenstoffstahl

Carbonstahl kann dünn geschmiedet werden und eignet sich daher hervorragend als Wok-Material. Durch das geringe Gewicht hat man eine bessere Handhabung und kann präziser kochen. Zusätzlich reagiert Carbonstahl viel schneller auf die Temperaturveränderungen. Die Wände sind, je nach Modell, 1,4 und 2 mm dick. Alle Materialien, außer Aluminium, müssen vor dem ersten Gebrauch eingebrannt werden. Dies verleiht dem Wok eine natürliche Antihaft-Beschichtung und verhindert, dass die Zutaten später nicht im Wok anbrennen können. Hinzu werden metallische Rückstände entfernt, die den Geruch und Geschmack der Gerichte verändern könnten. Ein hochwertiger Wok wird von Hand gemacht und in Form gehämmert.

Vegetarische Rezepte

Kokos-Curry Nudelsuppe

Zubereitungszeit: 15 Minuten
Portionen: 3

Zutaten:

- 250 g Hühnerbrust
- 2 EL Kokosöl
- 3 Knoblauchzehen, gehackt
- 1 EL frischer Ingwer, gerieben
- 3 EL Rotes Thai-Curry
- 4 Tassen Hühnerbrühe
- 1 Tasse Wasser
- 3 EL Fischsauce
- 2⁄3 Tasse Kokosmilch aus der Dose
- 180 g getrocknete Reisnudeln
- Saft einer Limette
- In Scheiben geschnittene rote Zwiebel, Chilis, Koriander
- Frühlingszwiebeln zum Garnieren

Zubereitung:

1. Erhitzen Sie einen großen Topf bei mittlerer Hitze und geben Sie Öl, Knoblauch, Ingwer und rote Thai-Currypaste hinein. Vermengen Sie das Ganze etwa 3-5 Minuten lang, bis es duftet.
2. Geben Sie das Hühnchen hinzu und lassen Sie es ein paar Minuten kochen, bis es gar ist.
3. Anschließend Hühnerbrühe, Wasser, Fischsauce und Kokosmilch hinzufügen und das Ganze zum Kochen bringen.
4. Das Ganze mit etwas Salz und Würze abschmecken. Ist die Suppe zu salzig, können Sie Wasser hinzufügen.
5. Gießen Sie die kochende Suppe über die Nudeln in Servierschüsseln. Geben Sie anschließend einen Spritzer Limettensaft hinzu und servieren Sie die Suppe mit Frühlingszwiebeln.

Gebratene Nudeln mit Sojasauce

Zubereitungszeit: 20 Minuten
Portionen: 2

Zutaten:

- 1 1/2 Tassen Bohnensprossen
- 2 Frühlingszwiebeln
- 2 Teelöffel Sojasauce
- 1 Teelöffel dunkle Sojasauce
- 1/2 Teelöffel Sesamöl
- 1/4 Teelöffel Salz
- 1/4 Teelöffel Zucker
- 1/2 Esslöffel Shaoxing Wein
- 1/4 Teelöffel frisch gemahlenes Weiß
- Pfeffer
- 250 g Eiernudeln
- 3 Esslöffel pflanzliches Öl

Zubereitung:

1. Bringen Sie 2 Liter Wasser zum Kochen. Spülen Sie die Bohnensprossen ab und schneiden Sie die Frühlingszwiebeln
2. Sojasaucen, Sesamöl, Salz, Zucker, Wein und weißen Pfeffer in eine kleine Schüssel geben und die Nudeln in einem Topf mit Wasser garen.
3. Wok auf großer Flamme erhitzen und 1 EL Öl hinzugeben. Anschließend die Nudeln hineingeben und diese gleichmäßig verteilen.
4. Geben Sie 1 EL Öl in eine weitere Pfanne und geben das weiße der Frühlingszwiebeln hinein. Geben Sie dann die dazu vermengen Sie alles mit der Sojasaucenmischung.
5. Bohnensprossen und die restlichen Frühlingszwiebeln hinzugeben und alles garen. Anschließend auf einen Teller geben und warm servieren.

Mapo Tofu

Zubereitungszeit: 30 Minuten
Portionen: 4-6

Zutaten:

Für den Tofu

- 500 g Tofu
- 8 Tassen Wasser
- 1 1/2 EL Salz

Für den Brei

- 1 Teelöffel Tapiokastärke
- 1/2 Tasse Wasser

Für die Sauce

- 3 EL Pflanzenöl
- 1/2 EL Sesamöl
- 2 bis 2 1/2 EL Doubanjiang
- 1 EL schwarze Bohnen-Knoblauch-Sauce
- 2 EL gehackter Knoblauch
- 2 EL gehackter Ingwer
- 1 EL Sichuan-Pfeffer
- 1 1/2 EL Gochugaru
- 1/2 EL Zucker
- 1 Stiel Frühlingszwiebeln, in dünne Scheiben geschnitten

Zubereitung:

1. Tofu aus der Packung nehmen und würfeln. Anschließend 8 Tassen Wasser und etwas Salz in einen Topf geben und den Tofu zum Kochen bringen. Den Topf vom Herd nehmen und die Tofuwürfel darin ziehen lassen.
2. Den Brei vorbereiten: Tapiokastärke und 1/2 Tasse Wasser in eine kleine Schüssel geben und verrühren. Zur Seite stellen.
3. Für die Sauce: Das Rapsöl bei mittlerer Hitze in einem Wok erwärmen. Doubanjiang in den Wok geben und mit dem Öl vermischen. Sauce anschließend etwa 1 Minute lang erhitzen, bis sie ihr Aroma verströmt.
4. Als nächstes fügen Sie die Sauce aus schwarzen Bohnen, Knoblauch und Ingwer hinzu. Rühren Sie das Ganze etwa 1 Minute lang um. Fügen Sie den Sichuan-Pfeffer, Gochugaru und Zucker hinzu.
5. Tapiokastärke und Wasser kurz verrühren. Gießen Sie den Brei in den Wok und vermischen Sie ihn mit der Sauce. Hitze leicht erhöhen und die Sauce 2 Minuten köcheln lassen. Anschließend die Frühlingszwiebel dazu geben.
6. Tofu aus dem Wasser nehmen und anschließend zu der Sauce geben.
7. Geben Sie den Tofu und die Sauce in eine Servierschüssel. Tröpfeln Sie das Sesamöl über den Tofu. Garnieren Sie die Schüssel mit den dunkelgrünen Teilen der Schalotte. Mit Reis servieren. Guten Appetit!

Vegan Pad Thai

Zubereitungszeit: 35 Minuten
Portionen: 2-3

Zutaten:

- 1 Süßkartoffel (ca. 180 g)
- 2 Pak Choi oder anderes Gemüse
- 100 g Sojasprossen
- 1 Knoblauchzehe, gepress
- 1 Stück Ingwer
- 150 g Tofu oder Sojafleisch
- 1 EL Sesamöl
- 150 g Reisnudeln
- 1 EL Kokosblütenzucker
- 3 EL Sojasauce, vegan
- Saft von 1 Limette
- 1 TL Sesam

Zubereitung:

1. Süßkartoffel schälen und in Würfel schneiden. Das Gemüse waschen und ind mundgerechte Stücke zerkleinern.
2. Die Sojasprossen waschen und gut trocknen lassen. Anschließend den Knoblauch und Ingwer schälen und fein hacken. Den Tofu in Würfel schneiden.
3. Die Reisnudeln nach Packungsangaben zubereiten.
4. Das Sesamöl bei mittlerer Hitze in einem Wok erhitzen. Die Süßkartoffelwürfel hineingeben und für etwa 5-7 Minuten anbraten.
5. Das Gemüse Knoblauch, Ingwer und Tofu in den Wok geben und mitgaren.
6. Mit Zucker, Sojasauce und Limettensaft würzen.
7. Die gekochten Reisnudeln und die Sojasprossen in den Wok geben und untermischen. In einer Schale mit Sesam servieren. Guten Appetit!

Knackiges Gemüse aus dem Wok

Zubereitungszeit: 30 Minuten
Portionen: 4

Zutaten:

- 2 EL Pflanzenöl
- 4 Frühlingszwiebeln, in Ringe geschnitten
- 1 Knoblauchzehe, gepresst
- 1 daumengroßes Stück Ingwer, gerieben
- 1 Möhre, in Stifte geschnitten
- 1 rote Paprika, in Stifte geschnitten
- 100 g Babymaiskolben, halbiert
- 1 Zucchini, in Stifte geschhnitten
- 150 g Zuckerschoten
- 2 ELHoisin-Sauce
- 2 EL Sojasauce

Zubereitung:

1. Erhitzen Sie einen Wok auf großer Flamme und geben Sie das pflanzliche hinein. Frühlingszwiebeln, Knoblauch und Ingwer hinzufügen und 1 Minute andünsten, dann die Hitze reduzieren. Darauf achten, dass das Gemüse nicht braun wird.
2. Karotte, rote Paprika und Babymaiskolben dazu geben und 2-3 Minuten unter anbraten. Zucchini und Zuckerschoten dazu geben und weitere 2-3 Minuten unter Rühren anbraten. Die Zutaten mit einem Holzspatel von der Mitte des an den Rand des Woks führen. Den Wok nicht überfüllen und alles unter ständigem Rühren anbraten.
   Geben Sie 1 EL Wasser, die Hoisin und die Sojasauce hinzu und garen Sie das Ganze bei starker Hitze weitere 2 Minuten oder bis das gesamte Gemüse gar, aber nicht zu weich ist. Mit Nudeln oder duftendem Jasminreis servieren.

Gebratener Weißkohl mit Knoblauch als Beilage

Zubereitungszeit: 30 Minuten
Portionen: 4-6

Zutaten:

- ½ Chinakohl
- 3 Knoblauchzehen
- Meersalz, grob
- Natives Olivenöl
- Schwarzer Pfeffer, frisch gemahlen

Zubereitung:

1. Den Kohl waschen, putzen und in mundgerechte Stücke zerteilen.
2. Den Knoblauch in einen Mörser geben und mit einer großen Prise grobem Meersalz zerstoßen, bis er grob gemahlen ist.
3. Wok erhitzen, bis er sehr heiß ist, eine großzügige Menge Olivenöl hineingeben und erhitzen. Anschließend den Knoblauch hineingeben.
4. Sofort den Chinakohl dazugeben und unter ständigem Rühren braten.
5. Auf einen großen Teller geben und mit frisch gemahlenem Pfeffer verfeinern.

Tofu-Erdnuss-Pfanne

Zubereitungszeit: 30 Minuten
Portionen: 4-6

Zutaten:

- 180 g fester Tofu, entwässert
- 1 EL Sesamöl
- 4 Knoblauchzehen, zerdrückt
- 1 daumengroßes Stück Ingwer, gerieben
- 1 rote Chilischote, in Streifen geschnitten
- 300 g Eiernudeln
- 1 rote Paprika, in Streifen geschnitten
- 1 gelbe Paprika, in Streifen geschnitten
- 100 g Brokkoli, in Röschen geschnitten
- 5 Frühlingszwiebeln, inScheiben geschnitten
- 1 Karotte, in Streifen geschnitten
- 1 Prise Meersalz
- 1 TL Sesamsaat, zum Garnieren
- 1 EL gehackte Erdnüsse

Für die Sauce

- 2 EL Sesamöl
- 3 EL Sojasauce
- 1 EL Ahornsirup
- 1 EL frisch geriebener Ingwer
- 2 EL Erdnussbutter

Zubereitung:

1. Alle Zutaten für die Sauce in einer großen Schüssel mit 100ml Wasser vermischen.
2. Den Tofu würfeln und mit der Hälfte der Sauce bedecken (die andere Hälfte beiseite stellen).
3. Einen Wok auf großer Flamme erhitzen, Sesamöl hineingeben und Tofu etwa 5-6 Minuten darin anbraten. Anschließend Knoblauch, Ingwer und Chili hinzufügen und weitere 2-4 Minuten braten.
4. Paprika, Brokkoli und die Frühlingszwiebeln (eine Handvoll aufheben) dazugeben, unter Rühren 3-4 Minuten. Anschließend die Karotten dazugeben.
5. Die fertig gekochten Nudeln und die restliche Sauce dazugeben und mit Salz abschmecken. Alles gut miteinander vermengen.
6. Mit Frühlingszwiebeln, Sesamsatt und gehackten Erdnüssen garnieren.

Salag Aloo

Zubereitungszeit: 20 Minuten
Portionen: 5-7

Zutaten:

- 400 g gehackter Spinat (TK oder frisch)
- 500 g Kartoffeln, gewürfelt und gekocht
- 3 EL Pflanzenöl
- 2 TL Kreuzkümmel, ganze Körner
- 5 Knoblauchzehen
- 2 grüne Chilis, gehackt
- 115 g Zwiebeln, gehackt
- 1 EL gemahlene Koriandersamen
- 1 TL Kurkuma
- 1 daumengroßes Stück Ingwer, in Scheiben
- Meersalz

Zubereitung:

1. Erhitzen Sie das Pflanzenöl in einem Wok bei mittlerer Hitze. Kreuzkümmelkörner dazugeben und sobald dieser sein Aroma verströmt, Knoblauch und Chilis hinzufügen. Alles etwa 1-2 Minuten lang anbraten, dann die Zwiebel hinzufügen und ca. 5-8 Minuten unter Rühren anbraten und die Zutaten gut miteinander vermengen.
2. Koriander und Kurkuma hinzufügen. Den gefrorenen oder frisch gehackten Spinat zugeben, den Wok zudecken und 5-7 Minuten bei mittlerer Hitze köcheln lassen. Das Ganze mit Meersalz abschmecken. Sobald der Spinat beginnt, sein Wasser abzugeben, die Hitze auf niedrige Stufe stellen und weitere 5 Minuten köcheln lassen.
3. Kartoffelwürfel und Ingwer hinzugeben und alles weitere 5 Minuten kochen lassen. Mit Chapatis oder Reis servieren. Guten Appetit!

Veganes Kichererbsencurry

Zubereitungszeit: 30 Minuten
Portionen: 2-3

Zutaten:

- 1 EL Pflanzenöl
- 1 Zwiebel, gehackt
- 1 frische Tomate, gehackt
- 1 Knoblauchzehe, zerdrückt
- ¼ TL Meersalz
- ½ TL Kreuzkümmel, gemahlen
- ¼ TL Koriandersamen, gemahlen
- ¼ TL Kurkuma
- ¼ TL Chilipulver
- 400 g Kichererbsen aus der Dose, abgetropft
- 1 daumengroßes Stück Ingwer, gerieben
- 1 Prise Garam Masala (indische Gewürzmischung

Zubereitung:

1. Das Öl in einem Wok erhitzen. Dünsten Sie anschließend die Zwiebeln und den Knoblauch darin an, bis die Zwiebeln karamellisiert sind.
2. Salz, Kreuzkümmel, Koriander, Kurkuma und Chilipulver hinzufügen. Eininige Minuten lang anbraten und dann die Tomate hinzufügen. Alles köcheln lassen, bis der Curry langsam eindickt.
3. 4 EL Wasser hinzufügen und alles gut umrühren. Danach die Kichererbsen unterrühren und alles zugedeckt 5-7 Minuten köcheln lassen.
4. Ingwer und Garam Masala dazu geben. Eine weitere Minute köcheln lassen.
5. Curry mit Pita-Brot oder Reis servieren.

Yaki Udon

Zubereitungszeit: 30 Minuten
Portionen: 3-4

Zutaten:

- 1 Zwiebel, in Scheiben geschnitten
- 1 Möhre, in Stifte geschnitten
- 1 EL Pflanzenöl
- 100 g Shiitake-Pilze oder andere Pilze, geviertelt
- ¼ Weißkohl, in Streifen geschnitten
- 100g Brokkoli, in Röschen geschnitten
- 3 Frühlingszwiebeln, in Scheiben geschnitten
- 2 Knoblauchzehen, zerdrückt
- 2 TL geriebener Ingwer
- 300 g Udon-Nudeln, gekocht
- 2 EL Mirin
- 2 EL Sojasauce
- 1 TL Reisessig
- 2 TL Sesamöl
- 1 TL schwarzer Sesam (optional)
- 1 EL eingelegter Ingwer (optional), zum Servieren

Zubereitung:

1. Zwiebel-, Karotten- und Pflanzenöl in einen Wok geben und bei mittlerer Hitze unter ständigem Rühren etwa 5-8 Minuten anbraten,
2. Die Pilze, den Kohl und den Brokkoli zusammen mit den weißen Teilen der Frühlingszwiebeln, dem Knoblauch und dem geriebenen Ingwer in den Wok geben. Bei mittlerer Hitze ca. 2-3 Minuten unter ständigem Rühren braten, bis das Gemüse gar ist.
3. Nudeln, Mirin, Sojasauce und Reisessig hinzufügen und alles gut miteinander vermengen, bist die Nudeln damit bedeckt sind.
4. Mit den grünen Teilen der Frühlingszwiebeln und den Sesamkörnern, falls verwendet, bestreuen und mit etwas eingelegtem Ingwer, falls gewünscht, servieren. Guten Appetit!

Miso Ramen aus dem Wok

Zubereitungszeit: 30 Minuten
Portionen: 2-3

Zutaten:

- 1 TL Olivenöl
- 1 Chilischote, in Scheiben (zum Garnieren)
- 1 daumengroßes Stück Ingwer, gerieben
- 150g fester Tofu, abgetropft und in gewürfelt
- 1 EL Tamari
- 1 TLbraune Misopaste
- Saft einer halben Limette
- 100 g Pilze nach Wahl (z.B Shiitake, Shimeji etc)
- 6 Frühlingszwiebeln, das Grüne davon gehackt
- 150 g Reisnudeln oder Ramennudeln, gekocht
- 2 Pak Choi, in Scheiben geschnitten
- Etwas frischer Koriander, gehackt (zum Garnieren)

Zubereitung:

1. Das Öl in einem Wok bei mittlerer Hitze warm machen. Chili und Ingwer etwa 2 Minuten darin anbraten. Anschließend Tofu, Tamari, Miso, Limettensaft, Pilze und einen Spritzer Wasser hinzufügen und 5 Minuten bei hoher Hitze anbraten.
2. Fügen Sie 1,5 Liter gekochtes Wasser hinzu und reduzieren Sie die Hitze. Lassen Sie das Ganze anschließend etwas köcheln.
3. Das Grüne von den Frühlingszwiebeln hinzufügen und bei bei Bedarf noch etwas Chili, Ingwer oder Meersalz hinzufügen.
4. Den Pak Choi hinzugeben. Anschließend Nudeln und Misosuppe in die Schüssel geben, dann mit etwas Chili und Koriander garnieren. Fertig!

Gebratene Sojasprossen mit Tofi, Paprika und Kräutern

Zubereitungszeit: 20 Minuten
Portionen: 3-4

Zutaten:

- 1 EL Olivenöl
- 300 g fester Tofu, abgetropft und gewürfelt
- ½ Zwiebel, in Scheiben geschnitten
- ¼ rote Paprika, in Streifen geschnitten
- 1 Knoblauchzehe, fein gehackt
- 150 g Sojasprossen, gewaschen
- 2 EL gehackte Kräuter nach Wahl (z.B. Petersilie, Koriander)
- Meersalz und frisch gemahlener schwarzer Pfeffer

Zubereitung:

1. Das Olivenöl erhitzen, Zwiebel, Knoblauch und Paprika hinzufügen und 3-4 Minuten anbraten, bis das Gemüse gar ist. Anschließend das Gemüse an den Rand des Woks schieben und den Tofu hineingeben. Den Tofu etwa 5-6 Minuten anbraten.
2. Die Sojasprossen hinzufügen und das Ganze für 2-3 Minuten anbraten und gut vermischen.
3. Die Kräuter hinzufügen, mit Meersalz und frisch gemahlenem schwarzen Pfeffer gut abschmecken. Pur oder mit etwas duftendem Jasminreis servieren. Guten Appetit!

Brokkoli mit Chili und Knoblauch

Zubereitungszeit: 15 Minuten
Portionen: 2

Zutaten:

- 1 Kopf Brokkoli, in Röschen geschnitten
- ½ rote Chilischote, fein gehackt
- 2-3 Knoblauchzehen, gehackt
- 2 EL Olivenöl oder ein anderes pflanzliches Öl
- Eine Prise Meersalz oder 3 EL Sojasauce
- Frisch gemahlener schwarzer Pfeffer

Zubereitung:

1. Die Brokkoliröschen in einen Topf mit kochendem Salzwasser geben und etwa 4-5 Minuten kochen lassen. Anschließend herausnehmen und gut abtropfen lassen.
2. Das Öl in einem Wok erhitzen, Chili und Knoblauch dazugeben und etwa 1-2 Minuten anbraten. Den Brokkoli hinzufügen und alles gut vermengen.
3. Mit Salz oder Sojasauce und frisch gemahlenem schwarzen Pfeffer würzen und mit etwas Reis, Pita-Brot oder pur servieren.

Indische Gemüsepfanne mit fünf Gewürzen

Zubereitungszeit: 20 Minuten
Portionen: 2-3

Zutaten:

- 6 EL pflanzliches Öl
- 2 Frühlingszwiebeln, in Scheiben geschnitten
- 1 rote Chilischote, in Scheiben geschnitten
- 1 Karotte, in dünne Streifen geschnitten
- 1 rote Paprika, in dünne Streifen geschnitten
- 100 g Zuckerschoten
- 1 Zucchini, in dünne Streifen geschnitten
- 150 g grüner Spargel, geputzt, halbiert und geschnitten
- 4 Knoblauchzehen, gepresst
- 3 Esslöffel Sriracha-Chili-Sauce
- 2 EL frischer Koriander, gehackt
- 1 Teelöffel Panch Phoran
- Meersalz und frisch gemahlener schwarzer Pfeffer

Zubereitung:

1. Erhitzen Sie 2 EL des Öls in einem Wok bei starker Hitze. Wenn das Öl heiß ist, das gesamte Gemüse (ohne Knoblauch) hinzugeben und 2-3 Minuten scharf anbraten. Mit Meersalz und Pfeffer würzen.
2. Die Sriracha-Sauce und den frischen Koriander zum Gemüse geben.
3. In der Zwischenzeit die restlichen 4 EL Öl in einer Pfanne bei mittlerer Hitze erwärmen. Knoblauch dazugeben und goldbraun anbraten.
4. Das die fünf Gewürze zum Knoblauch geben und einige Sekunden bei mittlerer Hitze warm werden und nicht anbrennen lassen.
5. Den Knoblauch und die Gewürzemischung über das Gemüse geben und alles gut vermengen. Mit Basmatireis servieren.

Veganes Thai Curry

Zubereitungszeit: 40 Minuten
Portionen: 3-4

Zutaten:

- 5 EL Raps- oder Sonnenblumenöl
- 2 Kartoffeln, gewürfelt
- 2 Karotten, in Scheiben
- 1 Zwiebel, geschält und geviertelt
- 3 cm frischer Ingwer, gerieben
- 2 Stangen Zitronengras, gehackt
- 5 Kardamom-Hülsen
- 1 EL Kreuzkümmel-Samen
- 1 EL Koriandersamen
- 1 TL gemahlene Kurkuma
- ¼ TL gemahlene Muskatnuss
- 1 EL Palm- oder Kokosblütenzucker
- 3 EL Cashew- oder Erdnussbutter
- 400 ml Dose Kokosnussmilch
- 250 ml Gemüsebrühe
- 1 rote Chilischote, in Scheiben geschnitten
- 150 g Spinat, frisch oder TK
- 3 EL vegetarische Fischsauce
- 1 EL frischer Zitronensaft
- 1 Prise Meersalz
- Jasminreis, gekocht (zum Servieren)

Zubereitung:

1. 3 Esslöffel Öl, Kartoffeln, Karotten und 1/2 TL Salz in einer Schüssel mischen. Im Wok bei starker Hitze 8-10 Minuten anbraten. Zu Ende gekocht wird das Gemüse später in dem Curry.
2. Kardamomkapseln aufschlagen, die Schalen entfernen und die Kerne zusammen mit dem Kreuzkümmel und den Koriandersamen in eine Pfanne ohne Öl geben. Bei mittlerer Hitze 2-3 Minuten erhitzen. In einen Mörser und zu einem Pulver zermahlen.
3. Das Pulver in eine Schüssel geben und mit den Zwiebeln, Knoblauch, Kurkuma, Muskatnuss, Zucker und Nussbutter vermischen.
4. Die restlichen 2 EL Öl bei mittlerer Hitze erhitzen. Die Currypaste dazugeben und unter gelegentlichem Rühren 3-5 Minuten braten, bis sie duftet. Kokosmilch und die Brühe hinzufügen und zum Kochen bringen. Das Gemüse, Chilischote hinzufügen und 20 Minuten kochen lassen. Den Spinat unterrühren.
5. Fischsauce und den Zitronensaft hinzugeben, abschmecken und ggf. die Würze anpassen. Mit duftendem Reis servieren. Fertig!

Tofu süß-sauer

Zubereitungszeit: 30 Minuten
Portionen: 2-3

Zutaten:

Für die Marinade

- 2 Knoblauchzehen, fein gehackt
- 2 TL fein geriebener Ingwer, frisch
- 2 EL Sojasauce
- 1 EL Ketchup
- 1 EL Kokosblütenzucker
- 1 TL Fenchelsamen
- 1 TL Kreuzkümmel
- ½ TL Chiliflocken
- ½ TL Meersalz

Für den Tofu

- 150g fester Tofu, abgetropft gewürfelt
- 2 EL Pflanzenöl
- 100 g Brokkoliröschen, halbiert
- 1 Karotte, in Stifte geschnitten
- Gekochter Reis, zum Servieren

Zubereitung:

1. Für die Marinade: Alle Zutaten in einer Schüssel mischen. Die Tofuwürfel hinzufügen und 15 Minuten darin marinieren.
2. Erhitzen Sie das Öl in einem Wok bei mittlerer bis hoher Hitze. Die Brokkoli- und Karottenstifte etwa 2 Minuten darin anbraten.
3. Geben Sie den Tofu und die gesamte Marinade hinzu und gelegentlich einen Spritzer kaltes Wasser, damit er nicht anbrennt. Lassen Sie den Tofu etwa 5-6 Minuten in der Marinade garen und rühren Sie alles gelegentlich um. Mit Reis servieren

Bombay Kartoffeln

Zubereitungszeit: 20 Minuten
Portionen: 2 Gläser

Zutaten:

- 3 EL pflanzliches Öl
- 1 TL Senfkörner
- ½ TL gemahlener Kreuzkümmel
- 1 TL Kurkuma
- 1 TL gemahlener Koriander
- 1 TL garam masala
- 1 TL Chilipulver
- 1 daumengroßes Stück Ingwer, gerieben
- 1 kg Kartoffeln, gewürfelt
- 350 ml Gemüsebrühe
- 4 Tomaten, grob gehackt
- 1 Bund Koriander, grob gehackt

Zubereitung:

1. Wok erhitzen und das Öl hineingeben.
2. Alle Gewürze und den Ingwer hinzufügen und eine Minute unter Rühren braten, bis sie ihren aromatischen Duft verströmen.
3. Die Kartoffeln hinzufügen und unter Rühren mit den Gewürzen vermengen, bis alle Kartoffeln gut bedeckt sind.
4. Mit der Brühe ablöschen und auf kleiner Flamme etwa 10-15 Minuten köcheln lassen. 10-15 Minuten köcheln lassen, bis die Kartoffeln weich sind.
5. Die Tomaten und den Koriander unterrühren.
6. Mit Salz und frisch gemahlenem schwarzen Pfeffer würzen und servieren

Pak Choi mit knusprigen Schalotten und Nüssen

Zubereitungszeit: 15 Minuten
Portionen: 2-3

Zutaten:

- 1 EL Pflanzenöl, plus etwas Öl zum Frittieren
- 3 Pak Choi, geviertelt
- 3 Knoblauchzehen, gepresst
- 2 EL Sojasauce
- 2 Schalotten, geschält und in dünne Scheiben geschnitten
- 50 g Cashewnüsse, in einer Pfanne ohne Öl geröstet

Zubereitung:

1. 1 EL Öl in einem Wok erhitzen und Pak Choi eine Minute lang darin anbraten. Knoblauch hinzufügen und eine weitere Minute alles anbraten. Die Sojasauce hinzugeben und gut mit dem Pak Choi vermengen.
2. Das restliche Öl in einem tiefen Topf stark erhitzen. Die Schalotten in dem Öl frittieren, bis sie goldgelb sind. Mit einem Schöpflöffel herausnehmen und auf Küchenpapier abtropfen lassen.
3. Zum Servieren Pak Choi mit einem Löffel auf einen Teller geben und über die knusprigen Schalotten und Cashewnüsse streuen. Mit Reis oder Pita-Brot servieren.

Gemüse-Balti

Zubereitungszeit: 30 Minuten
Portionen: 2-3

Zutaten:

Für die Paste

- 12 Knoblauchzehen, gepresst
- 3 x 5cm Stücke Ingwer, gehackt
- 8 rote Chilischoten, grob gehackt
- 3 EL gemahlener Kreuzkümmel
- 3 EL gemahlener Koriander
- 1 EL gemahlener Zimt
- 3 EL Garam Masala
- 3 EL Tomaten, aus der Dose

Für die Balti

- 1 TL Pflanzenöl
- 1 Zwiebel, in Scheiben geschnitten
- 300 g Basmatireis, gekocht
- ½ Blumenkohlkopf, in Röschen geschnitten
- ½ Butternusskürbis, gewürfelt
- 1 Zucchini, in Scheiben geschnitten
- 2 Paprikaschoten, in Streifen geschnitten
- 400 g gehackte Tomaten aus der Dose
- 160 g Erbsen (TK oder frisch)
- 1 Limette, fein geriebene Schale und Saft
- Meersalz und gemahlener schwarzer Pfeffer
- 2 EL gehackter Koriander, zum Garnieren

Zubereitung:

1. Für die Paste: Mixen Sie die Zutaten in einer Küchenmaschine mit etwa 125 ml Wasser.
2. Für die Balti: Erhitzen Sie das Öl in einem Wok bei mittlerer Hitze. Die Zwiebel hinzugeben und etwa 3-4 Minuten andünsten.
3. Die Balti-Paste zu den Zwiebeln geben und 2-3 Minuten kochen lassen. Blumenkohl, Kürbis, Zucchini und Paprika hinzufügen. Die Tomaten hinzufügen. Bei mittlerer Hitze 15-20 Minuten köcheln lassen und das Ganze mit etwas Salz abschmecken.
4. Die Erbsen einrühren und 2 Minuten kochen lassen. Mit Limettenabrieb und schwarzem Pfeffer würzen.
5. Balti in eine Schale geben, mit Koriander garnieren und mit Reis essen.

Gemüsenudeln

Zubereitungszeit: 30 Minuten
Portionen: 2-3

Zutaten:

- 2 große Karotten
- 2 große Zucchini
- 300 g Soba-Nudeln

Für die Sauce

- 2 EL Sesamöl
- 2 EL Tamari- oder Sojasauce
- 3 Knoblauchzehen, fein gehackt

Zubereitung:

1. Schneiden Sie die Karotten und Zucchini mit einem Spiralschneider in nudelartige Streifen. Nudeln beiseite stellen.
2. Erwärmen Sie die Nudeln in kochendem Wasser etwa 3 Minuten lang und lassen Sie sie dann abtropfen.
3. Die Saucen-Zutaten in einer Schüssel verquirlen, dann bei mittlerer bis hoher Hitze in einen Wok geben. Das Gemüse und die Nudeln hinzufügen und 3-4 Minuten unter ständigem Rühren anbraten. Sofort servieren. Guten Appetit!

Fleischgerichte

Entenbrust mit Auberginenpüree und Spinat

Zubereitungszeit: 25 Minuten
Portionen: 2 Brötchen

Zutaten:

- 2 große Auberginen, Schale mit einem Spieß durchbohrt, halbiert
- 4 Entenbrüste, mit Haut
- 80 g Butter
- ½ Zitrone, nur Saft
- Meersalz und frisch gemahlener schwarzer Pfeffer
- 500 g Spinat
- 2-3 EL Wasser

Zubereitung:

1. Den Ofen auf 190 Grad vorheizen. Die Auberginenhälften in eine Form geben und etwa 30 Minuten im Ofen garen, anschließend beiseite stellen.
2. Wok bei mittlerer Hitze erhitzen. Ente mit der Hautseite nach unten hinzufügen und etwa 8 Minuten von beiden Seiten braten.
3. Die Auberginen in eine Küchenmaschine geben, dann 50 g der Butter und den gesamten Zitronensaft hinzufügen und zu einem Püree verarbeiten. Mit Salz und frisch gemahlenem schwarzen Pfeffer würzen.
4. Die restliche Butter in einer separaten Pfanne bei mittlerer Hitze schmelzen. Den Spinat hinzufügen und ca. 2 Minuten braten.
5. Das Wasser hinzugeben und 1-2 Minuten weiterkochen.
6. Zum Servieren die Entenbrüste in dünne Scheiben schneiden. Etwas von dem Auberginenpüree dem Spinat dazugeben. Guten Appetit!

Lamm Korma

Zubereitungszeit: 1,5 Stunden
Portionen: 2-3

Zutaten:

- 10 Nelken
- 10 Pfefferkörner
- 4 Kardamom-Hülsen
- 1 Zimtstange
- 4 rote Chilis
- 4 EL Koriandersamen
- 2 EL Kreuzkümmel, ganz
- 1 TL Fenchelsamen
- 1 Sternanis
- 1 TL Kurkuma

Zum Garnieren plus Beilage

- 3 Esslöffel gehackte
- Korianderblätter
- 300 g Basmatireis, gekocht

Für die Korma

- 2 EL Ghee oder Pflanzenöl
- 500 g Lamm, gewürfelt
- 2 Zwiebeln, in dünne Scheiben geschnitten
- 1 cm Ingwerwurzel, gerieben
- 1 Knoblauchzehe, geschält, zerdrückt
- 1½ EL Currypulver (siehe oben)
- 1 TL Chilipulver und etwas Salz
- ½ TL Safranfäden
- 100 g Cashewmus
- 1 Zimtstange
- 250 ml Naturjoghurt
- 2 Tomaten, geviertelt

Zubereitung:

1. Für das Currypulver: Rösten Sie alle Gewürze mit Ausnahme der Kurkuma in einer trockenen Pfanne etwa 1 Minute lang. Lassen Sie sie anschließend etwas abkühlen.
2. Die gerösteten Gewürze und die Kurkuma mit einem Stößel und Mörser zu einem Pulver zermahlen.
3. Für die Korma erhitzen Sie einen Esslöffel des Öls in einem Wok mit Deckel. Danach geben Sie das Lamm hinzu und braten Sie es etwa 3 Minuten an, bis es gar ist. Das Lamm aus dem Wok nehmen und beiseite stellen.
4. Das restliche Öl erhitzen, in dem das Lamm gegart wurde. Zwiebel, Ingwer, Knoblauch, 1 ½ Esslöffel Currypulver und das gesamte Chilipulver 1-2 Minuten lang anbraten.
5. Lammfleisch in den Wok geben und mit Salz abschmecken. Safranfäden und Einweichwasser, Cashewmus und die Zimtstange einrühren. Dann so viel Wasser einfüllen, dass das Lamm 2,5 cm bedeckt ist. Alles zum Kochen bringen, dann die Hitze reduzieren und abdecken und unter gelegentlichem Rühren ca. 1 Stunde köcheln lassen.
6. Rühren Sie den Joghurt und die Tomaten ein und lassen Sie die Mischung 1-2 Minuten köcheln. Mit Reis und Koriander servieren. Guten Appetit!

Schweinebauch mit Klebreis und Kohlblättern

Zubereitungszeit: mehrere Stunden
Portionen: 3-4

Zutaten:

Für den Schweinebauch

- 650 g Schweinebauch
- 2 EL Pflanzenöl
- 1 EL dunkle Sojasauce
- 2,5 cm Ingwer, geschält und gerieben
- 1 EL Pfefferkörner
- 2 Sternanis
- 200 ml Gemüsebrühe
- 4 EL helle Sojasauce
- 1 EL Reiswein
- 1 EL brauner Zucker, gehäuft
- Kräuter, wie Shiso und Koriander

Für die Kohlblätter

- 6 Wirsingkohlblätter, blanchiert
- 6 Schnittlauchstängel, blanchiert und getrocknet

Für den Klebreis

- 300 g thailändischer Klebreis
- 300 ml/ Gemüsebrühe
- 1¼ EL Sesamöl
- 1 EL Rapsöl
- 1 Knoblauchzehe, gehackt
- 1 TL Ingwer
- 1 Chilischote, gehackt
- 1 Karotte, fein gewürfelt
- ¼ TL Kurkuma
- 100 g geräucherter Tofu, in Würfel
- 50 g Brokkoli, in Stücke
- 6 Shiitake-Pilze, in Scheiben
- 2 EL helle Sojasauce
- 1 EL Reisessig
- 1 Frühlingszwiebel, gehackt
- kleine Handvoll Korianderstängel, gehackt, zum Garnieren

Zubereitung:

1. Für den Schweinebauch: Halb mit Wasser gefüllten Wok zum Kochen bringen. Schweinebauch hinzufügen und 30 Minuten köcheln lassen. Aus dem Topf nehmen. Das Schweinefleisch in drei Stücke schneiden.
2. Wok auf großer Flamme erhitzen und 1 EL Rapsöl hinzufügen. Schweinefleischstücke in den Wok geben und ca. 1 Minute auf jeder Seite braten. Die dunkle Sojasauce hinzugeben und 2 Minuten braten. Ingwer, Pfeffer und Sternanis hinzufügen. Die Brühe, die helle Sojasauce, den Reiswein und den Zucker in einer Schüssel verrühren, in den Wok geben und zum Kochen bringen. Das Schweinefleisch und die Sauce auf einen Teller geben, der in einen großen Bambusdämpfer passt. Ausreichend Abstand einhalten.
3. Schweinefleisch in den Bambusdämpfer über einen halb mit Wasser gefüllten Wok geben und das Wasser zum Kochen bringen. 1½ Stunden dämpfen, bis das Schweinefleisch zart ist.
4. Reis waschen, bis das Wasser klar ist. Den Reis und die Brühe in einen großen Topf geben und zum Kochen bringen. Die Hitze herunterdrehen und zugedeckt 15 Minuten köcheln lassen, oder bis die gesamte Brühe aufgesogen ist.
5. Sobald der Reis abgekühlt ist, 1 EL Sesamöl in den Reis einrühren. Einen Wok auf großer Flamme erhitzen und das Rapsöl hinzufügen. Knoblauch, Ingwer und Chili hinzufügen und einige Sekunden anbraten. Möhren und Kurkuma hinzugeben und 10 Sekunden braten.
6. Den geräucherten Tofu, Brokkoli und Pilze hinzufügen und weitere 10 Sekunden braten. Den gekochten Reis hinzugeben und vorsichtig umrühren. Mit Tamari, Reisessig und dem restlichen ¼ Esslöffel Sesamöl würzen. Weitere 2 Minuten kochen lassen, bis der Reis leicht goldfarben ist. Über die Frühlingszwiebel und Korianderstängel streuen.
7. Für den Kohl: Reismischung gleichmäßig in die Kohlblätter füllen und jedes Blatt mit dem Schnittlauch zu einem Päckchen zusammenbinden. Zusammen mit den Schweinefleischstücken und Kräutern servieren.

Nudeln mit Hähnchen und Cashewkernen

Zubereitungszeit: 25 Minuten
Portionen: 2-3

Zutaten:

- 1 EL Pflanzenöl
- 250 g Hühnerbrust, in dünne Streifen geschnitten
- 1 EL flüssiger Honig
- 1 Knoblauchzehe, zerdrückt
- 1 EL gehackter Ingwer
- ½ rote Chili, gehackt
- 3 Frühlingszwiebeln, gehackt
- 1 kleine Karotte, in Scheiben geschnitten
- 1 rote Paprika, in Streifen geschnitten
- 1 Pak Choi, gehackt
- 300 g Eiernudeln, gekocht
- 1 Bund frischer Koriander, gehackt
- 1 EL dunkle Sojasauce
- 1 EL geröstetes Sesamöl
- 1 Limette, Limettenabrieb und Saft
- 25 g ungesalzene, geröstete Cashewnüsse

Zubereitung:

1. Den Wok auf großer Flamme erhitzen. Die Hälfte des Öls und das Huhn hinzufügen. Alles ca. Anschließend den Honig hinzufügen und braten Sie das Huhn an, bis es vollständig gar ist aus dem Wok.
2. Das restliche Öl in den Wok geben und Knoblauch, Ingwer und Chili etwa 20 Sekunden bei mittlerer Hitze braten. Das Gemüse hinzufügen und unter Rühren braten, bis es weich ist, aber noch etwas Biss hat.
3. Fügen Sie die vorgekochten Nudeln hinzu und braten Sie sie etwa eine Minute lang an, bevor Sie das Huhn in die Pfanne zurückgeben.
4. Koriander, Sojasauce, Sesamöl, Limettenschale und -saft hinzugeben und gut alles miteinander vermengen. Mit Cashewnüssen bestreut servieren.

Knuspriges Rindfleisch mit Chili

Zubereitungszeit: 30 Minuten
Portionen: 2-3

Zutaten:

- Pflanzenöl zum Frittieren, plus 2 EL zum Überziehen des Rindfleisches
- 1 EL Pfefferkörner
- 2 Limetten, nur Schale
- 1 Orange, nur Schale
- 3 gehäufte EL Reismehl
- 400 g Rinderfilet, in dünne Streifen geschnitten

Für die Sauce

- 150 g Z ucker
- 150 ml Reiswein
- 25 ml Reisweinessig
- 1½ rote Chilischoten, fein gehackt
- 2 TL Chili-Flocken
- 10 cm dicke, frische Ingwerwurzel, gehackt
- 2 Stängel Zitronengras, gehackt

Für das Reisomelett

- 1 EL Pflanzenöl
- 4 Eier
- 2 EL Sojasauce
- 400 g gekochter, kalter Klebreis

Zubereitung:

1. Für das Rindfleisch: Erhitzen Sie eine Fritteuse auf 190 Grad oder erhitzen Sie das Öl in einem tiefen Wok.
2. Pfefferkörner zu einem feinen Pulver zerstoßen. Gebenn Sie sie zusammen mit der Limetten- und Orangenschale und dem Reismehl in eine große Schüssel und verrühren Sie alles gut. Die Rindfleischstreifen in 2 EL Pflanzenöl schwenken. Das Rindfleisch zu den Gewürzen geben und schwenken, um jedes Stück gut damit zu bedecken.
3. Frittieren Sie das Rindfleisch portionsweise, wobei jedes Stück etwa 2 Minuten lang oder bis es knusprig ist. Auf Küchenpapier abtropfen lassen.
4. Für die Sauce eine Pfanne oder einen Wok erhitzen, Zucker, Reiswein und Reisweinessig hinzufügen und zum Kochen bringen. Die Chilis, Chiliflocken, Ingwer, Zitronengras und Limettenblätter hinzufügen und 5-8 Minuten garen lassen, bis die Sauce eindickt. Das Rindfleisch in die Sauce geben.
5. Für das Reisomelett: Wok erhitze, Öl hinzufügen.
6. Die Eier und die Sojasauce verquirlen, dann in den Wok geben. Omelett herausnehmen und es über den Reis klappen. Wenn der Reis und das Omelett fertig sind, beides auf ein Brett geben und in vier Stücke schneiden.

Huhn mit Pak Choi

Zubereitungszeit: 50 Minuten
Portionen: 2

Zutaten:

- 2 Hühnerbrüste ohne Knochen
- 3 EL Sojasauce
- 3 EL Reiswein
- 2 EL geröstetes Sesamöl
- 2 EL Maismehl
- 4 EL Rapsöl oder anderes Öl
- 10 cm Stück Ingwer, gerieben
- 3 große Knoblauchzehen, gehackt
- 3 rote Chilischoten, gehackt
- 50 g schwarze Bohnen
- 1 EL Palmzucker
- 150 ml Hühnerbrühe
- 6 Frühlingszwiebeln, in Scheiben geschnitten
- 3 EL grob gehackte Korianderblätter
- 2 Köpfe Pal Choi
- 200 g Basmatireis, gekocht
- 1 Ei, geschlagen

Zubereitung:

1. Huhn in eine Schüssel mit je einem Esslöffel Sojasauce, Reiswein und Sesamöl geben. Maismehl hinzufügen, alles und 10 Minuten marinieren lassen.
2. Wok bei großer Flamme erhitzen. Einen Esslöffel Öl hinzufüge und anschließend das Huhn dazugeben. Etwa 2-3 Minuten und beiseite Stellen.
3. Ingwer, Knoblauch und Chili in einer Schüssel verrühren.
4. Einen Esslöffel Öl hineingeben. Dann 1/3 der Ingwer-Knoblauch-Chili-Mischung und die Bohnen hinzugeben. Alles gut miteinander vermengen.
5. Die restlichen zwei Esslöffel Reiswein, einen Esslöffel Soja, den Zucker und die Hühnerbrühe hinzugeben und das Ganze zum Kochen bringen. Huhn dazugeben.
6. Etwa 1/3 Frühlingszwiebeln und Koriander dazugeben und vermischen.
7. Einen weiteren Wok erhitzen, einen Esslöffel Öl, die Hälfte der restlichen Ingwer-Knoblauch-Chili-Mischung und die Hälfte der restlichen Frühlingszwiebel hinzufügen und kurz anbraten. Pak Choi und 75 ml Wasser hinzufügen.
8. Fügen Sie einen Esslöffel Koriander und die Hälfte der restlichen Frühlingszwiebel hinzu und braten Sie das ganze kurz an.
9. Wok auswischen wieder auf den Herd stellen. Fügen Sie das restliche Öl, Ingwer, Knoblauch und Chili hinzu und braten Sie alles kurz an, fügen Sie dann den Reis hinzu. Anschließend das geschlagene Ei in die Mitte geben un anbraten.
10. Den letzten Esslöffel Sesamöl sowie den restlichen Koriander und die Frühlingszwiebel unterrühren und danach servieren.

Hähnchen in Austernsauce mit Gemüse

Zubereitungszeit: 30 Minuten
Portionen: 2-3

Zutaten:

Für das Huhn

- 300 g Hühnchen, gewürfelt
- 1 Prise Meersalz
- 1 Prise gemahlener weißer Pfeffer
- 1 EL Austernsauce
- 1 EL Speisestärke
- 2 EL Pflanzenöl
- 2 Knoblauchzehen, fein gehackt
- 1 daumengroßes Stück Ingwer, gerieben
- 1 rote Chilischote, gehackt
- 1 EL Reiswein
- 150 g asiatisches Gemüse Ihrer Wahl

Für die Sauce und zum Servieren

- 50 ml Gemüsebrühe
- 2 EL Sojasauce
- 1 TL Sesamöl
- 2 Frühlingszwiebeln, in Scheiben geschnitten
- 150 g grüne Bohnen, gekocht, zum Garnieren
- Basmatireis, gekocht

Zubereitung:

1. Geben Sie das Huhn und alle anderen Zutaten in eine Schüssel und vermengen Sie alles gut. Die Schüssel danach beiseite stellen.
2. Wok bei großer Flamme erhitzen. Einen Esslöffel Öl hinzufügen und schwenken. Knoblauch, Ingwer und Chili hinzufügen und einige Sekunden anbraten, dann das Huhn hinzufügen und 3-4 Minuten braten. Reiswein hinzufügen. Weitere 2-3 Minuten kochen lassen, bis das Huhn durchgegart ist. Das Huhn in eine Schüssel geben.
3. Wok bei starker Hitze erneut erhitzen, dann das restliche Öl hinzufügen. Fügen Sie das Gemüse hinzu und braten Sie es etwa 1-2 Minuten lang an, dann fügen Sie etwa 2 Esslöffel Wasser hinzu, um etwas Dampf zu erzeugen.
4. Alle Saucenzutaten hinzugeben und zum Kochen bringen. Sobald das Gemüse welk ist, wissen Sie, dass Sie fertig sind. Teller vorbereiten und mit Reis servieren.
5. Suppe in Gläser füllen, Deckel schließen und bei 100 Grad für 60 Minuten in einem Topf mit Wasser einkochen.

Schweinefleisch mit Kartoffeln, Pilzen und Reis

Zubereitungszeit: 25 Minuten
Portionen: 2-3

Zutaten:

Für die Pilze

- 200 g Pilze Ihrer Wahl
- 1-2 EL Olivenöl
- 1Prise Meersalz
- Etwas frisch gemahlener schwarzer Pfeffer
- 1 Prise Chili-Flocken

Für die Kartoffeln

- 500 ml Sonnenblumenöl
- 500 g Kartoffeln, gwürfelt

Für das Schweinefleisch

- 1 EL Rapsöl
- 1 Knoblauchzehe, gehackt
- 1 Zwiebel, fein gehackt
- 2 Lorbeerblätter
- 500 g Schweinehackfleisch
- 1 EL Reiswein
- 1-2 EL Austernsauce
- 2 EL Sojasauce
- 1-2 EL Worcestershire-Sauce
- Etwas gemahlener Pfeffer und Salz
- 2 große Frühlingszwiebeln, in Scheiben, zum Garnieren
- 300 g Basmatireis, gegart, zum Servieren

Zubereitung:

1. Für die Pilze: Ofen auf 180 Grad vorheizen. Die Pilze in eine Bratenform geben, mit Öl beträufeln und mit Salz, gemahlenem schwarzen Pfeffer und getrockneten Chiliflocken würzen. In den Ofen schieben und 10 Minuten garen. Herausnehmen, beiseite stellen und warm halten.
2. Für die Kartoffeln: Öl in einem Wok auf 180°C erhitzen. Lassen Sie die Kartoffelwürfel vorsichtig in das Öle und braten Sie sie etwa 5 Minuten. Mit einem

Löffel herausnehmen und auf einen mit Küchenpapier ausgelegten Teller legen, um überschüssiges Öl aufzusaugen.

3. Für das Schweinefleisch: Öl in einem Wok bei auf großer Flamme erhitzen. Knoblauch, Zwiebel und Lorbeerblätter anbraten. Das Fleisch hinzufügen und ca. eine Minute auf jeder Seite bräunen. Bevor das Fleisch vollständig gekocht ist, fügen Sie den Reiswein, Austernsauce, Sojasauce, Worcestershire-Saucee hinzu. Mit Salz und Pfeffer würzen.
4. Die Kartoffelstücke in den Wok. Mit Salz und Pfeffer würzen. Vom Herd nehmen und beiseite stellen. Alles auf einem Teller anrichten und mit warmem Reise servieren. Guten Appetit!

Hähnchenpfanne

Zubereitungszeit: 20 Minuten
Portionen: 2-3

Zutaten:

- 1 EL Pflanzenöl
- 1 Frühlingszwiebel, gehackt
- 1 Chili-Schoten, entkernt, fein gehackt
- 2 Hähnchenfilets, gewürfelt
- 45 g Sojasprossen
- 200 g Gemüse nach Wahl
- 2 TL Sojasauce
- ½ Orange, nur Saft
- 1 TL Sesamsaat

Zubereitung:

1. Erhitzen Sie das Öl in einem Wok. Frühlingszwiebel, Chilis, Hühnchen und Sojasprossen in den Wok geben und drei Minuten scharf anbraten.
2. Gemüse, Sojasauce und Orangensaft in den Wok geben und weitere 2-3 Minuten unter Rühren braten, bis alles gar ist.
3. Die Hähnchenpfanne auf einen Teller geben, Sesamsaat drüber streuen und servieren. Guten Appetit!

Steak mit Honig aus dem Wok

Zubereitungszeit: 15-20 Minuten
Portionen: 2

Zutaten:

Für die Sauce

- 150 ml Rotwein
- 2 EL Balsamico-Essig

Für die Steaks

- 1 Esslöffel Olivenöl
- 2 Steaks, in Scheiben geschnitten
- 100 g grüne Bohnen
- ½ Karotte, in Streifen geschnitten
- 2 TL Sojasauce
- 1 EL Honig
- 1 TL Balsamico-Essig
- 1 TL Sesam

Zubereitung:

1. Für die Sauce: Wein und Essig in einem kleinen Topf erhitzen und so lange köcheln lassen, bis sich das Volumen um die Hälfte reduziert hat und die Sauce etwas eindickt.
2. In der Zwischenzeit Olivenöl in einem Wok erhitzen und das Steak 2-3 Minuten anbraten.
3. Geben Sie die grünen Bohnen und die Karotte in den Wok.
4. Geben Sie anschließend Sojasauce, Honig und Balsamico-Essig dazu und braten Sie das Ganze weitere 1-2 Minuten an, bis alles gar ist.
5. Die Sesamkörner unterrühren.
6. Steak auf einem Teller anrichten und zum Beispiel mit Reis servieren.

Hähnchenpfanne mit Nudeln

Zubereitungszeit: 20 Minuten
Portionen: 2-4

Zutaten:

Für die Sauce

- 2 EL Sambal Oelek
- 2 EL Sojasauce
- 1 EL Tomatenpüree
- 1 EL Reisessig
- 1 TL Honig
- 1 TL Sojasauce

Für das Huhn

- 1 EL Maismehl
- 350 g Hähnchenschenkel
- 1 EL Rapsöl
- 2 Knoblauchzehen, gehackt
- 5 getrocknete Chilis
- 1 Zwiebel, in Würfel geschnitten
- 1 rote Paprika, in Stifte geschnitten
- 1 EL Reiswein
- 4 Frühlingszwiebeln, in Scheiben
- 75 g Erdnüsse, geröstet und gehackt
- Etwas Meersalz und gemahlener weißer Pfeffer
- Geröstete Sesamkörner, zum Garnieren

Für die Nudeln

- 300 g Eiernudeln, gekocht
- 2 TL Sesamöl
- 1 EL Rapsöl
- 100 g Schnittlauch, gehackt
- 100 g Shiitake, 20 Minuten lang in heißem Wasser eingeweicht, in Scheiben
- geschnitten
- 1 EL Reiswein
- 1 EL Austernsauce
- 1 Prise Zucker
- 2 EL Sojasauce
- 1 Handvoll Sojasprossen

Zubereitung:

1. Für das Huhn: Alle Saucenzutaten in einer Schüssel mischen und beiseite stellen.
2. Kartoffelmehl mit einer Prise Meersalz und Pfeffer in einer Schüssel mischen. Das Fleisch hinzufügen und gut damit bedecken.
3. Wok bei starker Hitze erhitzen dann das Rapsöl hinzufügen. Knoblauch und getrocknete Chilischoten hinzugeben und einige Sekunden anbraten. Zwiebel Paprika hinzugeben und 15 Sekunden anbraten.
4. Die Zutaten auf eine Seite des Wok schieben. Huhn hinzugeben und etwa 30 Sekunden anbraten. Bevor es gar ist, mit Reiswein abschmecken. Noch 1-2 Minuten weiter braten.
5. Die Sauce einfüllen und 1-2 Minuten kochen lassen. Frühlingszwiebeln und Erdnüsse hinzugeben.
6. Wok auf großer Flamme erhitzen. Rapsöl hineingeben. Knoblauch-Schnittlauch-Mischung hineingeben und 30 Sekunden anbraten, dann die Pilze dazugeben und mit anbraten.
7. Reiswein hinzugeben und kochen, bis er verdampft ist. Die Nudeln hinzugeben und 30 Sekunden lang gut durchschwenken. Mit der Pilzsauce, Zucker und Sojasauce abschmecken. Die Sprossen vorsichtig unterheben. Mit dem restlichen Sesamöl abschmecken, mit der Frühlingszwiebel garnieren und sofort alles servieren.

Schweinefleisch mit Sauce aus schwarzen Bohnen

Zubereitungszeit: 30 Minuten
Portionen: 2-3

Zutaten:

Für die Sauce

- 450 g Schweinefleisch, in Scheiben
- 1 EL Reiswein
- 2 EL Sojasauce
- 3 TL Sesamöl
- 1 TL Speisestärke
- 1½ EL Erdnussöl
- 1½ EL schwarze Bohnen, gewaschen und grob gehackt
- 1 EL Knoblauch, fein gehackt
- 3 EL Frühlingszwiebeln, fein gehackt
- 1 EL Schalotten, gehackt
- 1 TL Palmzucker
- 1 EL Wasser

Zubereitung:

1. Schweinefleisch in eine Schüssel geben und mit dem Reiswein, Sojasauce, Sesamöl und Speisestärke für etwa 20 Minuten marinieren.
2. Einen Wok erhitzen und das Fleisch hineingeben. Etwa 2-3 Minuten. anbraten und danach sofort in eine Schüssel umfüllen.
3. Wischen Sie den Wok mit etwas Papier sauber, erhitzen Sie ihn wieder und fügen Sie das restliche Öl hinzu. Die schwarzen Bohnen, Knoblauch, Frühlingszwiebeln und Schalotten hineingeben. Einige Sekunden später die restlichen Zutaten hinzufügen.
4. Bringen Sie die Mischung zum Kochen und geben Sie das Schweinefleisch wieder in den Wok zurück. Die gesamte Mischung unter Rühren weitere 5 Minuten anbraten. Anschließend sofort servieren.

Einfache Rindfleischpfanne

Zubereitungszeit: 20 Minuten
Portionen: 4-6

Zutaten:

- 1 Esslöffel Erdnussöl
- 450g Bratsteak, in 1cm/½in dicke Scheiben geschnitten
- 1 Teelöffel Speisestärke
- 60g Cashewnüsse
- 1 rote Zwiebel, in dünne Scheiben geschnitten
- 3 Knoblauchzehen, in dünne Scheiben geschnitten
- daumengroßes Stück frischer Ingwer, geschält und gerieben
- 1 Kopf Brokkoli, in kleine Röschen geschnitten, Stiel in Streifen geschnitten
- 2 Esslöffel Sojasauce
- 2 Esslöffel Austernsauce
- ½ Gemüsebrühwürfel
- 1 rote Chilischote, in dünne Scheiben geschnitten
- 1 kleiner Bund Koriander, grob gehackt, zum Garnieren
- 300g brauner Basmatireis, zum Servieren
- frisch gemahlener schwarzer Pfeffer

Zubereitung:

1. Bringen Sie einen großen Topf mit Salzwasser zum Kochen, fügen Sie den Reis hinzu, rühren Sie gut um und kochen Sie dann nach den Anweisungen auf der Packung.
2. Einen Wok bei großer Hitze erhitzen, bis er heiß ist. Die Hälfte des Öls hinzufügen und, wenn es nur geräuchert wird, das Rindfleisch dazugeben. Mit Speisestärke bestreuen und unter Rühren anbraten, bis das Fleisch rundum braun ist. Aus der Pfanne nehmen und beiseite stellen.
3. Die Cashewkerne unter ständigem Rühren goldbraun braten, dann beiseite stellen.
4. Wischen Sie den Wok vorsichtig mit Küchenpapier sauber. Auf große Flamme stellen und das restliche Öl hinzufügen. Sobald es heiß ist, die rote Zwiebel hinzufügen und 1-2 Minuten oder bis sie ganz weich ist, braten. Knoblauch und Ingwer hinzugeben und eine Minute anbraten.
5. Den Kessel zur Hälfte füllen und zum Kochen bringen. Die Brokkoli-, Soja- und Austernsauce in den Wok geben und gut vermischen. Den Gemüsebrühwürfel mit 250ml/9fl oz kochendem Wasser hinzufügen und unter gutem Rühren zum Kochen bringen. Mit einem Deckel abdecken (verwenden Sie Küchenfolie, wenn Sie keinen geeigneten Pfannendeckel haben) und 2 Minuten kochen lassen, oder bis der Brokkoli gerade weich ist (Sie wollen die leuchtend grüne Farbe nicht verlieren).
6. Rühren Sie das gekochte Rindfleisch und die Cashewnüsse durch die Sauce und erhitzen Sie sie eine Minute lang. Über die Chilischote und den Koriander streuen und sofort mit dem abgetropften Reis servieren.

Maronensuppe mit Birnen und Nüssen

Zubereitungszeit: 20 Minuten
Portionen: 3-4

Zutaten:

- 500 g Steak
- 100 g Koriandersamen
- 50 g Kokosblütenzucker
- 1 Prise frisch gemahlener Pfeffer
- 1 Prise Salz
- 1 Chilischote
- 3 EL Sojasauce
- 3 EL Austernsauce
- 3 EL Reisweinessig
- 1 Knoblauchzehe, gehackt
- Daumengroßes Stück Ingwer, gerieben
- 1 EL Sesamsaat
- 1 EL Sesamöl

Für die Soja-Paprika

- 2 große rote Paprikaschoten, in dünne Scheiben geschnitten
- 50 ml Rapsöl
- 25 g Kokosblütenzucker
- 6 EL Sojasauce
- 100 ml Reisweinessig

Für die Chilisauce

- 150 ml Erdnuss-Chiliöl
- 50 g Schalotten, gehackt und gebraten
- 25 g schwarze Bohnen, gekocht und grob gehackt
- 100 g doubanjiang fermentierter Chili
- 300 ml Chiliöl
- 1 EL Pfeffer, gemahlen

Für den Sauerrahm-Dip

- 200ml saure Sahne
- 2 EL Rapsöl

Für die Nudeln

- 150 g Reisnudeln
- 1 EL Nori-Algen, gemahlen

Sonstiges

- 4 Tortillas
- 2 Frühlingszwiebeln in Scheiben geschnitten
- 1 EL Sesamsaat
- 500 g Lendenbraten, in Streifen geschnitten
- 100 g Kreuzkümmel-Samen

Zubereitung:

1. Für das Steak: Rösten Sie den Kreuzkümmel und die Koriandersamen in einer trockenen Pfanne. Mit Zucker, Pfeffer, Salz, etwas Reisweinessig und den Chilischoten in einen Gewürzmixer geben und zu einem Pulver mahlen. Das Rindfleisch mit dem größten Teil der Gewürzmischung einreiben und etwas für später aufbewahren.
2. Rindfleisch in einem Wok anbraten. Mischen Sie danach die restlichen Steak-Zutaten zusammen, fügen Sie zuletzt das Sesamöl hinzu und verrühren Sie alles zu einem Dressing. Das Dressing in den Wok geben. Sehr schnell vom Herd nehmen. Beiseite stellen und bis zum Servieren warm halten.
3. Für die Soja-Paprika die Paprika und das Öl in einen Wok geben und anbraten. Zucker hinzufügen. Die Hälfte der Soja und die Hälfte des Essigs hinzufügen, mischen, vom Herd nehmen und die restlichen Zutaten hinzufügen. Beiseite stellen.
4. Für die Chilisauce alle Zutaten miteinander verrühren und beiseite stellen.
5. Eine Fritteuse auf 180°C vorheizen. Frittieren Sie die Nudeln einige Sekunden, bis sie knusprig sind. Auf Küchenpapier abtropfen lassen, mit den Algen würzen.
6. Die saure Sahne in eine kleine Schüssel geben, das Öl am Rand verteilen. Einen Hauch der restlichen Gewürze darüber streuen.
7. Die Tortillas warm machen. Fleisch mit den Sesamkörnern und den in Scheiben geschnittenen Frühlingszwiebeln bestreuen. Mit den knusprigen Nudeln und den Tortillas servieren.

Gebratener Schweinebauch mit knackigem Gemüse

Zubereitungszeit: 20 Minuten
Portionen: 3-4

Zutaten:

Für den Schweinebauch

- 150 g Schweinebauch
- 1 Sternanis
- 1 Zimtstange
- 2 Lorbeerblätter
- 1 ELFenchelsamen
- 2 Nelken
- ½ EL Sojasauce
- 1 TL Sesamöl
- ½ TL Zucker
- 1 TL Maismehl
- 1 EL Öl

Für das Gemüse

- 80 g grüne Bohnen
- 1 EL Rapsöl
- 2 Knoblauchzehen, gehackt
- ½ Frühlingszwiebel, gehackt
- ½ Zwiebel, in Scheiben
- 50 g rote Paprika, in dünne Scheiben geschnitten
- 50 g Chinakohl, in dünne Scheiben geschnitten
- 2 Frühlingszwiebeln, in Scheiben geschnitten, zum Garnieren

Für die Sauce

- 1 TL Chiliöl
- 1 EL Hoisin-Sauce
- ½ EL Sojasauce
- 1 EL Reiswein
- ½ TL Sojasauce
- 100 ml Hühnerbrühe

Zubereitung:

1. Geben Sie das Fleisch mit Sternanis, Zimtstange, Lorbeerblättern, Fenchelsamen und Nelken in einen Topf mit 500ml kochendem Wasser. Bei mittlerer Hitze 45 Minuten lang köcheln lassen. Durch ein Sieb abtropfen lassen und in eine Schüssel geben. Für mindestens 1 Stunde in den Kühlschrank stellen.
2. Das Schweinefleisch in 2-3 mm dicke Scheiben schneiden und in eine kleine Schüssel geben. Sojasauce, Sesamöl, Zucker und Maismehl hinzufügen und in das Fleisch einmassieren.
3. Das Öl in einem Wok erhitzen. Schweinefleisch hinzufügen und 1 Minute lang auf beiden Seiten anbraten. Das Fleisch herausnehmen und beiseite stellen, den Schweinefleischsaft im Wok belassen. Bohnen für 2 Minuten blanchieren.
4. Etwas mehr Öl in den heißen Wok geben. Knoblauch, Frühlingszwiebel und Zwiebel hinzufügen und 30 Sekunden braten. Paprika, Chinakohl und Bohnen im Abstand von 30 Sekunden hinzufügen. Die Zutaten für die Sauce anbraten.
5. Das Fleisch mit der Sauce in den Wok zurückgeben und 30-60 Sekunden unter Rühren kochen lassen. Anrichten, garnieren, fertig!

Rind in Austernsauce mit Pilzen

Zubereitungszeit: 15-20 Minuten
Portionen: 3-4

Zutaten:

Für das Rindfleisch

- 350 g Rinderfilet
- 1 TL Sojasauce
- 1½ EL Austernsauce
- 1 Prise Kokosblütenzucker
- Etwas Meersalz und schwarzer Pfeffer
- 2 EL Rapsöl
- 3 Knoblauchzehen, gehackt
- 1 Chilischote, gehackt
- 200 g Spinat, frisch oder TK
- 1 EL Reiswein
- 1 Prise Chili-Flocken

Für die Pilze

- 1 TL Rapsöl
- 100 g Pilze nach Wahl
- 1 TL Balsamico-Essig
- 1 Schuss Sojasauce

Zubereitung:

1. Filet zwischen zwei Lagen Frischhaltefolie legen und es mit einem Fleischklopfer zart klopfen. Das Rindfleisch in dünne Scheiben schneiden und in eine Schüssel geben, dann mit Sojasauce, Austernsauce, Zucker, Meersalz und Pfeffer würzen. Beiseite stellen.
2. Wok erhitzen und einen Esslöffel des Öls hinzufügen, dann Knoblauch und Chili dazugeben. Einige Sekunden anbraten, dann den Spinat hinzufügen und einige Sekunden schwenken. Auf einem Teller anrichten.
3. Stellen Sie den Wok wieder auf den Herd und fügen Sie das restliche Öl hinzu, geben Sie dann das Fleisch hinein hinzu und braten Sie es etwa 2-3 Minuten an. Reiswein hineingeben und Chiliflocken dazugeben Das Rindfleisch zu dem Spinat auf den Teller geben.
4. Öl in einem Wok erhitzen, Pilze dazugeben und eine Minute braten. Fügen Sie einen kleinen Spritzer Wasser hinzu, der den Pilzen beim Kochen hilft, und würzen Sie die Pilze mit Essig und Sojasauce.
5. Pilze mit Spinat und Rindfleisch servieren.

Sichuan-Rind mit Fenchel, Bao-Brötchen und eingelegtem Gemüse

Zubereitungszeit: mehrere Stunden
Portionen: 3-4

Zutaten:

Für das eingelegte Gemüse

- 1 Möhre, fein gerieben
- 10 cm Daikon, gerieben
- 2 EL Reisessig
- 2 EL Mirin
- 1 Prise geflocktes Meersalz
- 1 Prise Zucker

Für die Bao-Brötchen

- 300 g Mehl
- 30 g Zucker
- ¼ TL Salz
- 1 TL Trockenhefe
- 180 ml lauwarmes Wasser
- 1 EL Fenchelsamen
- 1 EL Rapsöl

Für das Rindfleisch

- 400 g Rindfleisch, gewürfelt
- 1 Prise Meersalz
- 1 Prise Pfeffer
- 1-2 EL Mehl
- 2 EL Rapsöl
- 3 Knoblauchzehen, gehackt
- 1 daumengroßes Stück Ingwer, gerieben
- 1 Chilischote, gehackt
- 3 Schalotten, gehackt
- 1 Zwiebel, gehackt
- 1 TL chinesisches Fünf-Gewürze-Pulver

- 2 Karotten, in Scheiben
- 4 Tomaten, geviertelt
- 400 ml Gemüsebrühe
- 1 EL Chilipulver
- 1 TL Sriracha-Sauce
- 2 TL Zucker

Zum Garnieren

- 1 Bund frische Korianderblätter, gehackt
- Frühlingszwiebeln, in Scheiben geschnitten

Zubereitung:

1. Alle Pökelzutaten in einer Schüssel mischen. Bedecken Sie die Schüssel und stellen Sie sie mindestens 30 Minuten in den Kühlschrank.
2. In einer großen Schüssel Mehl, Zucker, Salz und Hefe mit dem Wasser mischen. Masse kneten bis der Teig glatt ist. Mit einem Tuch abdecken und 3 Stunden an einem warmen Ort stehen lassen. Die Fenchelsamen dazugeben und in den Teig einarbeiten.
3. Kleine Kugeln aus dem Teig formen. Sie erhalten etwa 10-15 Brötchen. Lassen Sie die Brote erneut für 20 Minuten zugedeckt aufgehen.
4. In der Zwischenzeit das Fleisch mit Salz und Pfeffer würzen und mit dem Mehl bestäuben. Etwas Öl in einem Wok erhitzen. Wenn es heiß ist, das Rindfleisch von allen Seiten anbraten. Das Rindfleisch in den Wok geben und mehr Öl hinzufügen. Knoblauch, Ingwer, Chili, Schalotten und Zwiebeln anbraten. Restlichen Zutaten für das Rindfleisch hinzugeben.
5. Zugedeckt bei mittlerer Hitze für 1½ Stunden köcheln lassen, dann die Hitze reduzieren und weitere 20 Minuten kochen lassen und gelegentlich rühren
6. Einen Esslöffel Öl auf kleiner Flamme im Wok erhitzen. Brötchen mit ausreichend Abstand hineingeben und zugedeckt ca. 2 Minuten garen.
7. So viel Wasser hinzugeben, dass die Brötchen zur Hälfte bedeckt sind.
8. Hitze auf mittlere Stufe erhhöhen und so lange kochen, bis das gesamte Wasser verdampft ist.
9. Alles auf einem Teller anrichten, mit Kräutern garnieren und mit den Brötchen servieren. Guten Appetit!

Gebratenes Schweinefleisch mit Auberginen

Zubereitungszeit: 20 Minuten
Portionen: 3-4

Zutaten:

- 4 EL Rapsöl
- 1 Aubergine, der Länge nach halbiert und in Scheiben geschnitten
- 2 Knoblauchzehen, gehackt
- 1 EL geriebener Ingwer
- 1 Chili, gehackt
- 250 g Schweinehackfleisch
- 1 EL Reiswein
- 2 EL Sriracha-Sauce
- 200 ml Gemüsebrühe
- 1/2 Chinakohl, halbiert und in Streifen geschnitten
- 1 EL Apfelessig
- 1 TL Sesamöl
- 2 Frühlingszwiebeln, gehackt
- 1 EL Maismehl, gemischt mit 2 EL Wasser

Zubereitung:

1. Wok erhitzen und zwei Esslöffel des Öls hinzufügen. Auberginenscheiben mit einem Spritzer Wasser 3-4 Minuten lang anbraten. Auf einen Teller geben und beiseite stellen.
2. Wischen Sie das überschüssige Öl aus dem Wok und fügen Sie das restliche Erdnussöl hinzu. Öl erhitzen. Knoblauch, Ingwer und Chili anbraten, dann das Fleisch hinzufügen. Eine Minute braten, dann den Reiswein hinzugeben. 3-4 Minuten kochen, dann die Chili- Sauce und die Brühe hinzufügen. Geben Sie die Auberginen wieder in den Wok und fügen Sie das Gemüse hinzu.
3. Nach Geschmack mit Essig und Sesamöl abschmecken und etwa 3-4 Minuten aufkochen lassen. Frühlingszwiebeln unterrühren. Die Speisestärke hinzugeben und rühren, bis die Flüssigkeit eingedickt ist.
4. Essen sofort servieren. Guten Appetit!

Schwienefleisch süß-sauer mit Reis

Zubereitungszeit: 30 Minuten
Portionen: 2-3

Zutaten:

Für das Schweinefleisch

- 500 g Schweinefilet, in Scheiben geschnitten
- 2 EL Sojasauce
- 2 EL Reiswein
- 2 EL Rapsöl
- 1 EL Speisestärke
- 3 Knoblauchzehen, gehackt
- 250 g Ananas, in Stücke geschnitten
- 2 TL Puderzucker
- 5 Frühlingszwiebeln, geschnitten
- 1 EL Sojasauce
- 2 EL Koriander, frisch gehackt

Für das Reisomelett

- 3 Eier, aufgeschlagen
- 3 TL Rapsöl
- 200 g Basmatireis, gekocht

Zubereitung:

1. Schweinefleisch in eine Schüssel geben und Sojasauce, Reiswein, Öl und Speisestärke hinzugeben. Gut mischen und beiseite stellen.
2. Das Öl in einem Wok erhitzen. Knoblauch dazugeben und 10 Sekunden anbraten. Das Schweinefleisch hinzufügen, die Marinade in der Schüssel aufbewahren und 2-3 Minuten weiterbraten.
3. Ananas, Zucker, Marinade, 3/4 der Frühlingszwiebeln und die Sojasauce hinzugeben und weitere 2-3 Minuten braten. Koriander dazugeben, gut umrühren und den Wok vom Herd nehmen.
4. Eier und das Sesamöl in einer Schüssel verquirlen.
5. Erhitzen Sie eine hauchdünne Schicht Öl in einem anderen Wok oder einer großen Bratpfanne. Gießen Sie die Eiermischung hinein und schwenken Sie die Pfanne, so dass die Mischung ein dünnes Omelett bildet. Reis über das Omelett geben und 1 Minute lang kochen lassen. Falten Sie die Ränder des Omeletts vorsichtig zusammen.
6. Zum Servieren das Omelett in Scheiben schneiden. Mit den restlichen Frühlingszwiebeln garnieren und zusammen mit dem Fleisch servieren.

Knuspriges Huhn mit geschmorter Aubergine

Zubereitungszeit: 30 Minuten
Portionen: 3-4

Zutaten:

Für das Huhn

- 700 g Hähnchenschenkel
- 3 EL Reiswein
- 2 EL Sojasauce
- 5 Frühlingszwiebeln, gehackt
- 2 Scheiben Ingwer
- 1 EL Honig
- 1 TL chinesisches Fünf-Gewürze-Pulver
- 1 TL Sichuan-Pfeffer
- 1 TL Meersalz
- ½ TL Peffer
- 3 EL Öl
- 2 TL Zucker

Für die Aubergine

- 1½ EL Pflanzenöl
- 2 EL fein gehackter Knoblauch
- 1½ EL frischer Ingwer, gerieben
- 3 EL Frühlingszwiebeln, gehackt
- 450g Auberginen, gewürfelt
- 2 EL Sojasauce
- 1 EL Sriracha-sauce
- 1 EL Zucker
- 1 EK oder Apfelessig
- 2 TL Pfeffer
- 300 ml Wasser

Zubereitung:

1. Reiswein, Sojasauce, 3 Frühlingszwiebeln in einer Schüssel vermengen. Anschließend das Hähnchen hineingeben. Honig, Fünf-Gewürze, Pfeffer und Salz unterrühren. 45 Minuten stehen lassen. Das Hähnchen aus der Schüssel nehmen und die Marinade aufbewahren.
2. Das Öl in einem Wok geben, bis es heiß ist Hähnchenschenkel hinzufügen und etwa 10 Minuten lang knusprig anbraten.
3. Große Bratpfanne stark erhitzen. Öl hinzufügen. Knoblauch, Ingwer und Frühlingszwiebeln hinzufügen alles kurz anbraten. Die Auberginen hinzugeben und 1 Minute weiterbraten. Saucen, Zucker, Essig, Pfeffer und Wasser hinzufügen. Die Hitze herunterdrehen und 10-15 Minuten kochen lassen, bis die Auberginen weich sind.
4. Wok erhitzen, Marinade, Öl, Frühlingszwiebeln und Zucker hinzufügen. Das Hähnchen in Scheiben schneiden und auf einem Teller anrichten. Mit der Marinade übergießen und mit Reis und Auberginen servieren.

Thai-Gemüsesalat mit Rind und Sesam-Chili-Dressing

Zubereitungszeit: 30 Minuten
Portionen: 2

Zutaten:

- 2 EL Rapsöl oder anderes Öl
- Meersalz und Pfeffer, nach Belieben
- 150 g Rindfleisch, in Streifen geschnitten
- 1 Knoblauchzehe, gehackt
- 80 g Zuckerschoten
- 80 g Babymais, halbiert
- 1 EL Sojasauce
- 1 Prise Chili-Flocken
- 1 Limette, nur Saft
- 2 TL Honig
- 2 EL Sesamsaat
- 1 Handvoll Schnittlauch, gehackt, zum Garnieren
- Limettenspalten, zum Garnieren

Zubereitung:

1. Wok erhitzen auf großer Flamme. Das Steak mit einem Esslöffel Öl einreiben, mit Salz und Pfeffer würzen und 1-2 Minuten braten.
2. Wok mit dem restlichen Öl erhitzen, Knoblauch dazugeben und eine Minute anbraten. Zuckerschoten und Mais in den Wok geben.
3. Sojasauce, Chiliflocken, Limettensaft und Honig in den Wok geben.
4. Die Sesamkörner unter das Gemüse rühren.
5. Gemüse auf einem Teller anrichten, mit dem gegrillten Steak belegen und mit Schnittlauch und Limettenspalten garnieren.

Gebratene Süßkartoffeln mit Lammfleisch und grünen Bohnen

Zubereitungszeit: mehrere Stunde
Portionen: 2-3

Zutaten:

- 2 EL Rapsöl
- Daumengroßes Stück Ingwer, gerieben
- 2 Knoblauchzehen, gehackt
- 2 Chilischoten, gehackt
- 400 g Süßkartoffeln, in Scheiben geschnitten
- 120 g grüne Bohnen, halbiert
- 250 g Lammfleisch, in Streifen geschnitten
- 3 EL Wasser
- Meersalz und Pfeffer
- Kräuter nach Wahl
- 1 TL Sesamöl

Zubereitung:

1. Wok auf großer Flamme erhitzen und dann das Öl dazugeben.
2. Ingwer, Knoblauch und Chilis hinzufügen und 20-30 Sekunden unter Rühren anbraten. Die Süßkartoffel hinzufügen und 3-4 Minuten anbraten.
3. Bohnen hinzufügen und 4-5 Minuten braten, bis alles gar ist.
4. Gemüse in eine warme Schüssel geben und den Wok wieder auf den Herd stellen. Wenn der Wok heiß ist, das Lammfleisch dazugeben und 1-2 Minuten braten, bis es gar ist. Gemüse zurück in den Wok geben.
5. Wasser dazugeben und alles mit Salz, Pfeffer und Kräutern abschmecken.
6. Das Sesamöl hinzugeben. Alles gut vermischen und heiß servieren.

Zitronenhähnchen mit Reis

Zubereitungszeit: 30-40 Minuten
Portionen: 4-5

Zutaten:

- 400 g Hühnerbrust, gewürfelt
- 2 EL Sojasauce
- 1 EL Honig
- 2 EL Speisestärke
- 2 unbehandelte Zitronen, nur Schale und Saft
- 75 ml Hühnerbrühe
- 1 TL Olivenöl
- 1 EL trockener Sherry
- 1 Chilischote, gehackt
- 3 Knoblauchzehen, gehackt
- 1 daumengroßes Stück Ingwer, gerieben
- 3 Frühlingszwiebeln, in Scheiben geschnitten
- 250 g Basmatireis, gegart

Zubereitung:

1. Fleisch in eine Schüssel geben. Sojasauce, Honig und Speisestärke in einer separaten Schüssel mischen und über das Huhn gießen. Mindestens 15 Minuten marinieren.
2. Zitronenschale, Saft und Hühnerbrühe verrühren.
3. Erhitzen Sie einen Wok und fügen Sie dann das Öl hinzu. Sherry zum Huhn und alles anbraten. Chili, Knoblauch und Ingwer sowie die Zitronen- und Hühnerbrühe hinzufügen. Unter Rühren zum Kochen bringen. Die Hitze reduzieren und 4-5 Minuten kochen lassen, bis das Huhn gar und die Sauce eingedickt ist.
4. Zum Servieren die Frühlingszwiebeln zum Zitronenhähnchen geben und durchmischen. Gemeinsam mit dem Basmatireis servieren.

Huhn auf knusprigen Nudeln

Zubereitungszeit: 60 Minuten
Portionen: 2-3

Zutaten:

Für die knusprigen Nudeln

- 225 g Eiernudeln, gekocht
- 300 ml Pflanzenöl
- 180 g Sojasprossen
- 2 EL Reiswein
- 2 EL Austernsauce
- 1 EL Sojasauce
- 300 ml Hühnerbrühe
- 1 TL Salz
- ½ TL Pfeffer
- 1 EL Maismehl, gemischt mit 1½ EL Wasser
- 3 EL gehackte Frühlingszwiebeln, zum Garnieren

Für das Huhn

- 250 g Hühnerbrust, gewürfelt
- 1 Ei
- 2 TL Speisestärke
- 1 TL Salz
- ½ TL Pfeffer

Zubereitung:

1. Hähnchenstreifen in eine Schüssel geben und das Ei, die Speisestärke, Salz und den Pfeffer hinzugeben. Gut mischen, dann die Schüssel mit Frischhaltefolie abdecken und ca. 20-30 Minuten kalt stellen.
2. Einen Wok erhitzen und das Öl hinzufügen. Sobald das Öl sehr heiß ist, die Nudeln portionsweise frittieren, bis sie sehr knusprig sind. Auf Küchenpapier abtropfen lassen.
3. Wenn alle Nudeln gar sind, nehmen Sie den Wok vom Herd und geben Sie die Hähnchenschnitzel hinzu, wobei Sie kräftig umrühren müssen, damit sie nicht anhaften. Wenn die Hähnchenstücke gar sind mit einem Schaumlöffel herausnehmen und abtropfen lassen.
4. Reinigen Sie den Wok und erhitzen Sie ihn ein zweites Mal. Sprossen, Reiswein, Austernsauce, Sojasauce, Brühe, Salz und Pfeffer hinzufügen. Die Mischung zum Kochen bringen, dann die Hitze reduzieren, die Maismehlmischung einrühren und erneut zum Kochen bringen. Die Hähnchenstücke in den Wok zurückgeben.
5. Zum Servieren die knusprigen Nudeln auf einen Teller geben. Hähnchen und Sauce dazugeben. Mit gehackten Frühlingszwiebeln garnieren.

Mu Shu Hähnchen

Zubereitungszeit: 30 Minuten
Portionen: 2-3

Zutaten:

- 4 EL Erdnussöl
- 2 Eier, aufgeschlagen
- 1 Knoblauchzehe, gehackt
- 1 EL Ingwer, frisch gerieben
- 250 g Hähnchenbrustfilets, gewürfelt
- 1 EL Reiswein
- 2 getrocknete Shiitake Pilze, 20 Minuten lang in heißem Wasser eingeweicht, abgetropft und fein gehackt
- 1 kleine Möhre
- 50 g Gurke, gewürfelt
- 50 g getrocknete Holzohrpilze, 20 Minuten lang in heißem Wasser eingeweicht, abgetropft und fein gehackt
- 120 g Bambussprossen aus der Dose, entwässert
- 1 Handvoll trocken geröstete Erdnüsse
- 2 EL Sojasauce
- 1 TL Sesamöl
- 2-3 Prisen Pfeffer
- 12 Eisbergsalatblätter, zum Servieren

Zubereitung:

1. Erhitzen Sie einen Wok und fügen Sie zwei Esslöffel Erdnussöl hinzu, fügen Sie dann die Eier hinzu und lassen Sie das Ganze eine Minute lang kochen. Aus dem Wok nehmen und beiseite stellen.
2. Das restliche Erdnussöl im Wok erhitzen, dann Knoblauch und Ingwer hinzufügen und kurz anbraten. Das Fleisch hinzufügen und 1-2 Minuten garen, dann den Reiswein hinzufügen. Einige Sekunden unter Rühren braten, dann die Pilze und die Karotte hinzufügen und 1-2 Minuten unter Rühren braten.
3. Gurken, Holzohrpilze, Bambussprossen und Erdnüsse hinzufügen und gut vermischen. Die Eier unterrühren. Mit der Sojasauce, Sesamöl und Pfeffer abschmecken und auf einen Teller geben und mit Salatblättern anrichten.

Vietnamisisches Schweinefleisch mit Jasminreis

Zubereitungszeit: 2,5 Stunden
Portionen: 3-4

Zutaten:

- 1-2 EL Kokosnussöl
- 600 g Schweinebauch, gewürfelt
- 4 Schalotten, gehackt
- 3 Knoblauchzehen, gehackt
- 2 Stängel Zitronengras, in Scheiben
- 75 g Palmzucker
- 3 Sternanis
- 1 TL chinesisches Fünf-Gewürze-Pulver
- 2 EK Fischsauce
- Jasminreis, gekocht
- 3-4 Frühlingszwiebeln, zerkleinert, zum Garnieren
- 1 Handvoll gehackter Koriander, zum Garnieren

Zubereitung:

1. Erhitzen Sie das Öl in einem Wok. Fügen Sie die Hälfte des Schweinebauchs hinzu und braten Sie das Ganze einige Minuten lang an. Das Schweinefleisch herausnehmen und beiseite stellen.
2. Schalotten dazugeben. Bei mittlerer Hitze einige Minuten leicht goldbraun braten, dann den Knoblauch und das Zitronengras hinzufügen. Noch ein paar Minuten anbraten, dann den Palmzucker, Sternanis und das Fünf-Gewürzpulver zusammen mit 200 ml Wasser und der Fischsauce hinzufügen. Das Schweinefleisch zurück in den Wok geben.
3. Zum Kochen bringen und mit einem Deckel abdecken. Etwa 1,5 Stunden kochen lassen. Anschließend die Hitze leicht aufdrehen und weitere 10-15 Minuten kochen lassen, um die Sauce eindicken zu lassen.
4. Mit aromatischem Jasminreis, Koriander und Frühlingszwiebeln servieren.

Hammelfleisch-Curry

Zubereitungszeit: 3 Stunden
Portionen: 3-4

Zutaten:

Für das Fleisch

- 1 kg Hammelfleisch ohne Knochen, gewürfelt
- 150 ml Naturjoghurt
- 3 Knoblauchzehen, zerdrückt
- 3cm Ingwer, gerieben
- 1 Zitrone, nur Saft
- 1 TL Garam Masala
- 1 TL Chilipulver
- ½ TL gemahlener Koriander
- ½ TL Kreuzkümmel
- ½ TL Kurkuma
- ½ TL Meersalz

Für die Currysauce

- 1 TL Kreuzkümmel
- 1 TL Koriandersamen
- ¼ TL Bockshornkleesamen
- 1 Zimtstange
- 6 Nelken
- 50 g Ghee
- 2,5 cm Stück Ingwer, gerieben
- 2 Knoblauchzehen, zerdrückt
- 300 g Tomatenpaste
- 150 ml Kochsahne
- 70 g gemahlene Mandeln
- Meersalz und Pfeffer

Für die Puri

- 300 g Vollkornmehl, plus Extra zum Bestäuben
- 1 Prise Salz
- 110 ml Wasser
- Pflanzenöl, zum Frittieren

Zum Servieren

- 2 Chillischoten, in feine Scheiben geschnitten
- 2 EL Korianderblätter, gehackt

Zubereitung:

1. Hammelfleisch in eine große Schüssel geben, alle Zutaten der ersten Zutatenliste hinzufügen und gut vermischen. Mindestens drei Stunden oder über Nacht im Kühlschrank marinieren.
2. Für die Curry-Sauce: Wenn das Hammelfleisch mariniert ist, einen Wok bei starker Hitze erhitzen, Kreuzkümmel, Koriander, Bockshornklee, Zimt und Nelken hinzufügen und 10-20 Sekunden anbraten.
3. Die gerösteten Gewürze in einen Stößel und Mörser geben und zu einem feinen Pulver zermahlen. Beiseite stellen.
4. Die Hälfte des Ghees in den Wok geben. Wenn es geschmolzen ist, das Hammelfleisch portionsweise hinzufügen und 1-2 Minuten von allen Seiten an braten. Aus dem Wok nehmen und beiseite stellen.
5. Das restliche Ghee in den Wok geben, dann Ingwer und Knoblauch hinzufügen und 30 Sekunden anbraten.
6. Die gemahlenen Gewürze und die Tomatenpaste hinzufügen und 1-2 Minuten kochen lassen. Die Hitze etwas reduzieren, die Kochsahne hinzufügen und die Mischung zum Kochen bringen.
7. Reduzieren Sie die Hitze, geben Sie das Hammelfleisch zurück in den Wok und kochen Sie das Curry auf niedriger Flamme für 1½ Stunden.
8. Kurz vor dem Servieren die Mandeln hinzufügen. Gut umrühren und eine weitere Minute kochen lassen. Nach Belieben mit Salz Pfeffer würzen.
9. Hammelfleisch-Curry mit Reis servieren. Mit Chilischoten, Bockshornkleeblätter und Korianderblätter garnieren.

Chili-Schweinefleisch

Zubereitungszeit: 30-60 Minuten
Portionen: 3-4

Zutaten:

Für die Marinade

- 1 EL Sojasauce
- 2 EL Mirin
- 2 EL Hoisin-Sauce
- 2 EL Sesamöl
- 1 TL Chili-Flocken
- 500 g Schweinefilet, in Scheiben geschnitten

Für das Fleisch

- 3 EL Sonnenblumenöl
- 4 Knoblauchzehen, zerdrückt
- 3 rote Chilischoten, der Länge nach halbiert
- 6 Frühlingszwiebeln, gehackt
- 1 EL Sojasauce
- 2 EL Kristallzucker
- 2 EL geröstete Erdnüsse
- 350 g Basmatireis, gekocht

Zubereitung:

1. Sojasauce, Mirin, Hoisin-Sauce, Sesamöl und Chiliflocken in einer Schüssel gut vermischen.
2. Bestreichen Sie das Fleisch mit der Marinade und lassen Sie es 15 Minuten im Kühlschrank stehen.
3. Einen Wok erhitzen und einen Esslöffel des Öls hinzufügen. Die Hälfte des Schweinefleischs hinzufügen, die überschüssige Marinade entfernen und 1-2 Minuten anbraten.
4. Nehmen Sie das Schweinefleisch aus dem Wok und braten Sie das restliche Fleisch 1-2 Minuten an. Das Fleisch aus dem Wok nehmen.
5. Das restliche Öl im Wok erhitzen und den Knoblauch, die Chilischoten, einen Esslöffel Wasser und die Zwiebeln hinzufügen. Unter Rühren 1-2 Minuten braten. Mit einem Deckel abdecken und weitere 1-2 Minuten kochen lassen.
6. Sojasauce und Zucker hinzufügen und das Schweinefleisch in den Wok zurückgeben. Eine letzte Minute kochen lassen. Mit den gerösteten Erdnüssen garnieren und mit Reis servieren.

Pfeffer-Rindfleisch mit gebratenem Reis

Zubereitungszeit: 30 Minuten
Portionen: 4-6

Zutaten:

Für das Rindfleisch

- 2 EL Sojasauce
- 2 EL trockener Sherry
- 2 Knoblauchzehen, gehackt
- 1 EL Pfeffer
- 1 EL Speisestärke
- 500 g Rinderfilet, gewürfelt
- 2 EL Rapsöl
- 2 rote Paprikaschoten, in Scheiben geschnitten
- 2 EL Austernsauce
- 1 EL Sesamöl
- 75 ml Wasser

Für den gebratenen Reis

- 2 EL Erdnussöl
- 200 g Basmatireis, gekocht
- 2 Eier, aufgeschlagen
- 2 TL Sesamöl
- 4 Frühlingszwiebeln, in Scheiben geschnitten
- 3 EL gehackte Korianderblätter

Zubereitung:

1. Sojasauce, Sherry, Knoblauch, geknackten schwarzen Pfeffer und Speisestärke in einer Schüssel vermischen. Die Rindfleischscheiben hinzufügen und gut damit bedecken. Zugedeckt im Kühlschrank mindestens 30 Minuten marinieren lassen.
2. Rindfleisch aus der Marinade nehmen. Wok erhitzen, dann das Pflanzenöl und das Rindfleisch hinzufügen. Für etwa 1-3 Minuten braten. Das Rindfleisch aus dem Wok nehmen und beiseite stellen.
3. Paprika in den Wok geben und 1-2 Minuten unter Rühren anbraten, dann Austernsauce, Sojasauce, Sesamöl und Wasser hinzufügen. Eine Minute kochen lassen, dann das Rindfleisch zurück in den Wok geben und eine weitere Minute unter Rühren braten.
4. Sauberen Wok erhitzen, Öl hinzufügen. Fügen Sie den gekochten, Reis hinzu und braten Sie ihn 2-3 Minuten unter Rühren an.
5. Eier und das Sesamöl leicht verrühren, dann über den Reis gießen. Unter ständigem Rühren 2-3 Minuten weiterbraten. Nach Belieben mit Salz und Pfeffer würzen, dann Frühlingszwiebeln und Koriander unterrühren.

Hähnchensüß-sauer mit Reis

Zubereitungszeit: 40 Minuten
Portionen: 4-5

Zutaten:

- 425 g Ananasstücke, mit ca. 150 ml Saft (aus der Dose)
- 2 EL Speisestärke
- 2 EL Sojasauce
- 2 EL Weißweinessig
- 2 EL Palmzucker
- 2 EL Ketchup
- ½ TL Chili-Flocken
- 2 Hühnerbrüste
- 2 EL Rapsöl
- 1 Zwiebel, gewürfelt
- 2 Paprikaschoten, gewürfelt
- 250 g Wasserkastanien
- 2 Knoblauchzehen, gehackt
- 25 g Ingwer, gerieben
- Meersalz und Pfeffer, nach Belieben

Zubereitung:

1. Ananas in einem Sieb über einer Schüssel abtropfen und den gesamten Saft aufbewahren. Geben Sie die Speisestärke in eine große Schüssel und rühren Sie drei Esslöffel des Ananassaftes ein. Fügen Sie den restlichen Saft und 150 ml Wasser hinzu und rühren Sie dann Sojasauce, Essig, Zucker, Ketchup und Chiliflocken ein.
2. Erhitzen Sie einen Esslöffel Öl in einem Wok und braten Sie die Zwiebel und die Paprika zwei Minuten lang an. Die Wasserkastanien abtropfen lassen und halbieren.
3. Das restliche Öl und das Hähnchen in den Wok geben und zwei Minuten anbraten. Knoblauch, Ingwer, Ananasstücke und Wasserkastanien hinzugeben und 30-60 Sekunden unter Rühren anbraten.
4. Die Maismehl- und Ananasmischung gut umrühren und zusammen mit dem Hühnerfleisch und dem Gemüse in die Pfanne geben. Gut umrühren, mit etwas Salz und Pfeffer würzen und zum Kochen bringen. 4-6 Minuten kochen lassen, bis die Sauce dickflüssig ist. Mit Reis servieren.

Chili Chicken

Zubereitungszeit: 30 Minuten
Portionen: 4

Zutaten:

- 4 EL Pflanzenöl
- 8-10 Chilis
- 2 EL Ingwer, gerieben
- 2 Knoblauchzehen, gehackt
- 2 Zwiebeln, gehackt
- 8 Hähnchenschenkel
- 2-3 EL Sojasauce
- 2-3 EL Reisweinessig
- 1 Prise Meersalz
- 1 Frühlingszwiebel, in feine Scheiben geschnitten, zum Garnieren
- Reis, gekocht, zum Servieren

Zubereitung:

1. Öl in einem Wok bei mittlerer Hitze warm werden lassen. Die Chilischoten hinzufügen und 3-4 Minuten anbraten. Ingwer, Knoblauch und Zwiebeln einrühren und einige Minuten braten.
2. Das Hühnerfleisch hinzufügen und 8-10 Minuten garen lassen. Sojasauce, Essig und ggf. eine Prise Salz einrühren und 1 Minute bei geschlossenem Deckel köcheln lassen.
3. Hähnchen mit Frühlingszwiebel garnieren zusammen mit dem Reis servieren.

Grüner Thaicurry

Zubereitungszeit: 45 Minuten
Portionen: 3-4

Zutaten:

- 1 EL Pflanzenöl
- 2-3 EL grüne Thai-Currypaste
- 1 EL Palmzucker
- 1-2 dicke Stängel Zitronengras, in Scheiben
- 750 g Hühnerbrust, gewürfelt
- 6-8 Kaffernlimettenblätter, in Stücke gerissen
- 400 ml Dose Kokosmilch
- 4-5 EL Fischsauce
- 1 Handvoll Koriander, grob gehackt
- 1-1,5 Limetten, nur Saft

Zubereitung:

1. Erhitzen Sie das Öl in einem Wok. Die grüne Currypaste und den Zucker hinzufügen und starker Hitze etwa eine Minute lang anbraten und mit dem Zitronengras verrühren. Reduzieren Sie die Hitze etwas und rühren Sie die Hühnerstücke und die Limettenblätter ein. Mit Kokosmilch ablöschen.
2. Fischsauce hinzugeben, zum Kochen bringen und 25-30 Minuten kochen lassen. Koriander und Limettensaft unterrühren.
3. Curry lässt nun am besten 30 Minuten stehen lassen, damit sich der Geschmack der Gewürze entfalten kann. Mit duftendem Jasminreis servieren.

Indonesisches Schweinefleisch-Curry

Zubereitungszeit: 45 Minute
Portionen: 3-4

Zutaten:

- 1 EL Pflanzenöl
- 750 g Schweineschulter-Steaks, gewürfelt
- 1 Zwiebel, in Scheiben geschnitten
- 1 Knoblauchzehe, gehackt
- 2,5 cm Stück Ingwer, gerieben
- 1 TL Fenchelsamen
- 1 Stange Zitronengras, in dünne Scheiben geschnitten
- 6 EL rote Thai-Curry-Paste
- 300 ml Kokosmilch, aus der Dose
- 350 g Kürbis, gewürfelt
- 1 EL Koriander, grob zerkleinert
- 1 EL Basilikum, grob zerkleinert
- 300 g Blattspinat
- 1 EL Limettensaft
- Meersalz und frisch gemahlener schwarzer Pfeffer

Zubereitung:

1. Erhitzen Sie das Öl im Wok. Das Schweinefleisch portionsweise darin garen, herausnehmen und warm halten.
2. Die Zwiebel und den Knoblauch hinzufügen und bei schwacher Hitze anbraten. Anschließend Kürbis, Ingwer, Fenchelsamen und Zitronengras hinzufügen und 5 Minuten auf kleiner Flamme kochen lassen.
3. Die Thai-Curry-Paste einrühren und gut verrühren.
4. Das Schweinefleisch in die Pfanne gemeinsam mit der Kokosmilch zurückgeben, aufkochen lassen und 10-12 Minuten köcheln lassen.
5. Zum Schluss den Spinat und die Kräuter einrühren und mit Salz, Pfeffer und Limettensaft abschmecken. Mit Jasminreis servieren.

Rindfleisch Paneng Thai-Curry

Zubereitungszeit: 45 Minuten
Portionen: 3-4

Zutaten:

Für die Paste

- 1 große Schalotte, grob gehackt
- 1 Galgantwurzel, in Scheiben
- 2 Vogelaugenchilis, grob gehackt
- 3 Knoblauchzehen, gehackt
- 2 Kaffirlimettenblätter, grob gehackt
- 3-5 EL Fischsauce
- 1 TL Garnelenpaste
- 4 EL Tomatenpaste
- 1 EL Paprikapulver
- 1 EL gemahlener Kreuzkümmel
- 1 EL gemahlener Koriander
- ½ TL Zimt
- ½ TL Kurkuma
- ¼ TL gemahlene Muskatnuss
- ¼ TL gemahlene Nelken

Für das Curry

- 1 EL Erdnussöl
- 250 g Rinderfilet, in dünne Scheiben geschnitten
- 400 ml Kokosmilch
- 2-3 EL Fischsauce
- 1 Limette, nur Saft
- 1 kleine Handvoll thailändischer Basilikumblätter
- 300 g Jasminreis, gekocht

Zubereitung:

1. Alle Pastenzutaten in eine Küchenmaschine oder einen Stößel und Mörser geben und zu einer glatten Paste verarbeiten.
2. Wok erhitzen, Öl und das Rindfleisch hinzufügen und scharf anbraten. Die Paste hinzufügen und 1-2 Minuten mit anbraten lassen. Kokosmilch dazugeben, zum Kochen bringen und dann 2-3 Minuten köcheln lassen.
3. Fischsauce und Limettensaft zum Curry geben, nach Geschmack.
4. In Schüsseln umfüllen und zusammen mit frischem Reis servieren.

Asiatische Rindfleischpfanne

Zubereitungszeit: 20 Minuten
Portionen: 2

Zutaten:

Für das Rindfleisch

- 4 Vogelaugenchilies, gehackt
- 4 Knoblauchzehen, gehackt
- ½ TL grobes Meersalz
- Pflanzenöl, zum Braten
- 10 Schalotten, in Scheiben geschnitten
- 700 g Rindfleisch, grob gehackt
- 1 rote Paprika, fein gewürfelt
- 4 Eier
- 2 EL Fischsauce
- 1 EL Austernsauce
- 2 EL Sojasauce
- 1½ EL Palmzucker
- 1 Handvoll thailändisches Basilikum
- Frisch gekochter Reis, zum Servieren

Für die Sauce

- 4 Korianderwurzeln, gehackt
- 4 Knoblauchzehen, gehackt
- 5 Chilis, fein gehackt
- 1 EL Austernsauce
- 1 EL Reisweinessig
- 2 EL Sojasauce
- 2 EL Fischsauce
- ½ Limette, nur Saft

Zubereitung:

1. Korianderwurzeln, Knoblauch und Chilis in einen Stößel und Mörser geben und leicht zerdrücken. Die restlichen Zutaten für die Sauce in den Mörser geben und gut zerkleinern, damit die Aromen sich entfalten können. In eine Servierschüssel umfüllen.
2. Chilischoten, Knoblauchzehen und das Meersalz in denselben Mörser geben und zu einer feinen Paste verarbeiten.
3. Wok mit drei Esslöffeln Pflanzenöl erhitzen, fügen Sie die Schalotten hinzu und braten Sie sie 3-4 Minuten lang an. Drehen Sie die Hitze herunter und fügen Sie dann die zerkleinerte Chili-Knoblauchpaste hinzu, bis sie leicht bräunlich wird (etwa eine Minute). Drehen Sie die Hitze danach hoch und fügen Sie das Rindfleisch und die Paprika hinzu.
4. Während das Rindfleisch kocht, erhitzen Sie in der Zwischenzeit eine mittlere Pfanne mit zwei Esslöffeln Öl. Braten Sie die Eier.
5. Die Fischsauce, Austernsauce, Sojasauce und Palmzucker sowie die Basilikumblätter hinzufügen und das Rindfleisch unterheben. Mit Reis und Sauce servieren. Guten Appetit!

Gebratenes Rindfleisch mit Shiitake Pilze

Zubereitungszeit: 30 Minuten
Portionen: 2-3

Zutaten:

- 1 EL Sesamöl
- 300 g Rinderschulter, in dünne Scheiben geschnitten
- 1 Knoblauchzehe, zerdrückt
- 10 g Ingwer, gerieben
- 100 g Shiitake-Pilze, in Scheiben geschnitten
- 100 g Weißkohl, in Scheiben geschnitten
- 50 g rote Zwiebel, in Scheiben geschnitten
- 50 g Bambussprossen
- 50 g Zuckerschoten
- 1 TL chinesisches Fünf-Gewürze-Pulver
- 1 EL Sesamkörner
- 1 Limette, nur Saft
- Meersalz, nach Geschmack
- Sojasauce, nach Geschmack

Zubereitung:

1. Erhitzen Sie das Sesamöl in einem Wok. Das Rindfleisch in die Pfanne geben und 1-2 Minuten braten. Knoblauch und Ingwer hinzugeben und gut umrühren. Fügen Sie anschließend das Gemüse hinzu und eine weitere Minute lang an, bis es weich ist.
2. Sobald das Rindfleisch gar ist, das Fünf-Gewürze-Pulver, Sesamkörner und Limettensaft hinzufügen, umrühren und vom Herd nehmen.
3. Zum Servieren mit Salz und/oder Sojasauce abschmecken.

Honig-Sesam-Rindfleisch mit Nudelsalat

Zubereitungszeit: 30 Minuten
Portionen: 2-3

Zutaten:

Für das Honig-Sesam-Rindfleisch

- 150 g Filetsteak, in Stücke geschnitten
- 2 EL Sesamkörner
- 1 Limette, Saft und Schale
- 2 Knoblauchzehen, gehackt
- 2 EL Honig
- 1 Chili, gehackt
- 1 EL Pflanzenöl

Für den Spargel

- 4 Spargelstangen
- 2 EL Olivenöl
- Meersalz und frisch gemahlener schwarzer Pfeffer

Für den Nudelsalat

- 100 g Reisnudeln, gekocht und abgekühlt
- 1 Limette, Saft und Schale
- 2 EL Sojasauce
- 2 EL frische Minze, gehackt
- 2 EL frischer Koriander, gehackt

Zubereitung:

1. Den Ofen auf 180C vorheizen.
2. Für das Honig- und Sesam-Rindfleisch alle Zutaten mit Ausnahme des Öls in eine Schüssel geben und gut miteinander vermischen. Zum Marinieren 5-10 Minuten, wenn möglich auch länger, beiseite stellen.
3. Erhitzen Sie das Pflanzenöl in einem Wok und braten Sie das Rindfleisch unter Rühren 3-4 Minuten lang an, bis es gar ist.
4. Die Salatzutaten in die Schüssel geben und gut umrühren.
5. Den Spargel auf ein Backblech legen, mit Öl beträufeln und nach Belieben mit Salz und frisch gemahlenem schwarzen Pfeffer würzen. In den Ofen schieben und 8-10 Minuten garen.
6. Essen auf Tellern anrichten und sofort servieren.

Fajita Chicken Reis

Zubereitungszeit: 20 Minuten
Portionen: 3-4

Zutaten:

- 170 g Basmatireis, gekocht
- 3 Hähnchenschenkel
- 1-1,5 EL Olivenöl
- 1 Zwiebel, grob gehackt
- 1 Paprika, grob gehackt
- ½ Paprika, grob gehackt
- 1 TL Paprikapulver
- ¾ TL Kreuzkümmel
- ½ TL gemahlener Koriander
- ½ TL Oregano
- 1 Limette, nur Saft
- 1 Handvoll frischer Koriander, gehackt
- Meersalz und gemahlener schwarzer Pfeffer

Zubereitung:

1. Huhn gut mit Salz und Pfeffer würzen.
2. Das Olivenöl in einem großen bei mittlerer Hitze erhitzen. Braten Sie das Fleisch an, bis es gar ist. Das Hähnchen auf einen mit Küchenpapier ausgelegten Teller geben und beiseite stellen.
3. Zwiebel und Paprika in die Pfanne geben, salzen und kochen, bis das Gemüse gerade weich ist.
4. Die Gewürze und den Oregano untermischen und 1 Minute braten. Den Reis hinzufügen, das Hühnerfleisch in die Pfanne zurückgeben und unter Rühren braten.
5. Zum Servieren mit dem Limettensaft und frischem Koriander verrühren.

Chicken Satay

Zubereitungszeit: 30 Minuten
Portionen: 10-15

Zutaten:

- 450 g Hühnerbrust
- 1½ EL Erdnussöl

Zum Servieren

- 50 g Schalotten, in Scheiben
- 100 g Gurken, in kleinen Scheiben

Für die Marinade

- 3 EL Sojasauce
- 1 EL Reiswein
- Meersalz und schwarzer Pfeffer
- 2 TL Speisestärke

Für die Sauce

- 3 EL Erdnussbutter
- 1 EL grob gehackter Knoblauch
- 2 TL Chiliöl
- 2 EL Apfelessig
- 2 EL Sojasauce
- Salz und Pfeffer
- 2 TL Zucker
- 2 EL Warmwasser

Zubereitung:

1. In einer mittelgroßen Schüssel die Zutaten für die Marinade miteinander verrühren. Das Huhn hinzufügen und zugedeckt mindestens 20 Minuten marinieren lassen. Danach Huhn aus der Marinade herausnehmen.
2. Saucenzutaten in einen Mixer geben und zu einer Sauce verarbeiten.
3. Einen Wok erhitzen, bis er sehr heiß ist, dann das Erdnussöl hinzufügen. Wenn das Öl sehr heiß ist, fügen Sie die Hähnchenstücke hinzu und braten Sie es fünf Minuten an. Drehen Sie die Hitze auf eine niedrige Stufe, fügen Sie die Sauce hinzu
4. Hähnchen auf einem Teller anrichten und zusammen mit den Schalotten, der Gurke und der Sauce servieren.

Leichte Hähnchenpfanne mit Pak Choi

Zubereitungszeit: 20 Minuten
Portionen: 3-4

Zutaten:

- 2 EL Erdnussöl
- 2 Hühnerbrüste, in Streifen geschnitten
- 1 Knoblauchzehe, zerdrückt
- 1 TL geriebener Ingwer
- 1 Sternanis
- ½ TL fein gehackte rote Chilischote
- 1 Handvoll Zuckerschoten
- 2 Pak Choi, Stiele getrennt
- 4 Frühlingszwiebeln, geschnitten
- 100 g gemischte Pilze, in Scheiben
- 4 EL Sojasauce
- 2 EL Balsamico-Essig
- 1 Handvoll glatte Petersilie
- 1 EL gehackter frischer Estragon
- 1 EL gehackter frischer Schnittlauch

Zubereitung:

1. Erhitzen Sie das Erdnussöl in einem Wok bei mittlerer Hitze.
2. Fügen Sie die Hähnchenstreifen hinzu und garen Sie sie unter leichtem Schwenken 3-4 Minuten lang.
3. Knoblauch, Ingwer, Sternanis und Chili hinzufügen und weitere 30 Sekunden anbraten.
4. Zuckerschoten, Pak Choi, Frühlingszwiebeln und Pilze hinzugeben und weitere 3-4 Minuten unter Rühren anbraten.
5. Mit der Sojasauce, Balsamico-Essig und frischen Kräutern würzen. Kurz umrühren und sofort servieren.

Bambussprossen mit Hähnchen

Zubereitungszeit: 20 Minuten
Portionen: 3-4

Zutaten:

- 500 g Hähnchenbrust, gewürfelt
- 600 g Bambussprossen
- 5-6 EL Fischsauce
- 2-3 Stangen Porree, in Scheiben
- 3-4 Knoblauchzehen, gehackt
- 2-3 EL Olivenöl
- 1 Prise Meersalz

Zubereitung:

1. Einen Wok erhitzen und das Öl hineingeben. Sobald das Öl heiß ist, den Knoblauch anbraten, bis er duftet. Anschließend das Fleisch hineingeben und so lange braten, bis es gar ist.
2. Bambussprossen hineingeben und gut mit dem Hähnchen vermischen.
3. Das Ganze mit etwas Fischsauce und Salz abschmecken.
4. Porree hineingeben und so lange braten, bis dieser gar ist. Nochmal mit Fischsauce abschmecken.
5. Bambuspfanne auf einen Teller geben und mit frischem Jasminreis servieren.

Tom Yam Gai

Zubereitungszeit: 45 Minuten
Portionen: 3-4

Zutaten:

- 500 g Hühnchenbrust, gewürfelt
- 1-2 Limetten, nur Saft
- 4-5 EL Fischsauce
- 500-600 ml Wasser
- 1-2 TL brauner Zucker
- 1-2 Chilischoten, ganz
- 3-4 Kaffirlimettenblätter
- 3 Stangen Zitronengras, in feinen Scheiben
- 1 Galgantwurzel, in Scheiben
- 2 Tomaten, geviertelt
- 2 rote Zwiebeln, geviertelt
- 150 g Champignons, in Scheiben
- 1 Handvoll Koriander, gehackt
- 300 g Jasminreis, gekocht

Zubereitung:

1. Das Wasser im Wok zum Kochen bringen. Sobald das Wasser kocht, die Kaffirlimettenblätter, die Galgantwurzel, den Chili und das Zitronengras hineingeben. Für etwa 3-4 Minuten aufkochen lassen, dann die Zwiebeln hinzufügen und für weitere 4-5 Minuten köcheln lassen.
2. Die Tomaten und Champignons hinzufügen und alles für weitere 5-10 Minuten köcheln lassen.
3. Das Fleisch und für etwa 10-15 Minuten garen. Dann die Suppe mit Zucker, Fischsauce und dem Limettensaft abschmecken.
4. Suppe in eine Schüssel umfüllen, mit Koriander garnieren und gemeinsam mit dem Jasminreis servieren. Guten Appetit!

Ente mit Gemüse aus dem Wok

Zubereitungszeit: 30 Minuten
Portionen: 3-4

Zutaten:

- 500 g Entenbrust, in Scheiben
- 200 g Bambussprossen
- 200 g Gemüse nach Wahl (z.B. Paprika, Zuckerschoten, Mais)
- 4-6 EL Fischsauce
- 3-4 Knoblauchzehen, gehackt
- 3-4 Chilischoten, fein gehackt
- 3 EL Rapsöl, zum Braten

Zubereitung:

1. Einen Wok erhitzen und das gesamte Öl hineingeben. Den Knoblauch mit den Chilischoten darin anbraten.
2. Entenfleisch hineingeben und so lange braten, bis es gar ist. Anschließend das Gemüse hineingeben und so lange braten, bis es weich ist. Danach die Bambussprossen dazugeben.
3. Mit Fischsauce abschmecken und zusammen mit Reis servieren.

Fisch

und

Meeresfrüchte

Kokossuppe mit Garnelen

Zubereitungszeit: 40 Minuten
Portionen: 2-3

Zutaten:

- 400 g Garnelen, geputzt
- 1-2 Limetten, nur Saft
- 4-5 EL Fischsauce
- 500 ml Wasser
- 1 Dose Kokosmilch
- 1-2 TL brauner Zucker
- 1-2 Chilischoten, ganz
- 3-4 Kaffirlimettenblätter
- 3 Stangen Zitronengras, in feinen Scheiben
- 1 Galgantwurzel, in Scheiben
- 2 Tomaten, geviertelt
- 2 rote Zwiebeln, geviertelt
- 150 g Champignons, in Scheiben
- 1 Handvoll Koriander, gehackt
- 300 g Jasminreis, gekocht

Zubereitung:

1. Das Wasser im Wok zum Kochen bringen. Sobald das Wasser kocht, die Kaffirlimettenblätter, die Galgantwurzel, den Chili und das Zitronengras hineingeben. Für etwa 3-4 Minuten aufkochen lassen, dann die Zwiebeln hinzufügen und für weitere 4-5 Minuten köcheln lassen. Kokosmilch dazu geben und nicht umrühren.
2. Die Tomaten und Champignons hinzufügen und alles für weitere 5-10 Minuten köcheln lassen.
3. Das Fleisch und für etwa 10-15 Minuten garen. Dann die Suppe mit Zucker, Fischsauce und dem Limettensaft abschmecken.
4. Suppe in eine Schüssel umfüllen, mit Koriander garnieren und gemeinsam mit dem Jasminreis servieren. Guten Appetit!

Gedämpfter Fisch mit Limettensaft und Chili

Zubereitungszeit: 30 Minuten
Portionen: 2-3

Zutaten:

- 1 großer Fisch nach Wahl (z.B. Dorade)
- 2-3 Limetten, nur Saft
- 2-3 Chilischoten, gehackt
- 3-4 Knoblauchzehen, gehackt
- 2-3 EL Fischsauce
- 2-3 EL Sojasauce
- 1 Handvoll Koriander, gehackt
- 20 g Ingwer, gehackt
- 300 g Jasminreis, gekocht

Zubereitung:

1. Den Fisch zusammen mit dem Limettensaft, dem Knoblauch, Ingwer, Chili, Fischsauce und der Sojasauce in einen großen Wok mit Dämpfeinsatz geben und etwa 30-40 Minuten lang dämpfen, bis der Fisch gar ist.
2. Fisch anschließend auf einen großen Teller geben, mit Koriander garnieren und zusammen mit der dem Saft und etwas Reis servieren.
3. Tipp: Gut dazu passt eine Sauce aus 1 Limette, 3-4 EL Fischsauce, 2 gehackte Knoblauchzehen, 2 gehackte Chilischoten.

Gebratener Tintenfisch mit Chili und Basilikum

Zubereitungszeit: 30 Minuten
Portionen: 4

Zutaten:

- 450 g Tintenfisch, in mundgerechte Stücke geschnitten
- 1½ EL Olivenöl
- 4 EL Knoblauch, gehackt
- 3 EL Schalotten, gehackt
- 2-3 rote Chilis, gehackt
- 2 EL Fischsauce
- 2 EL Austernsauce
- 2 TL Zucker
- 1 Handvoll thailändische Basilikumblätter, ganz

Zubereitung:

1. Erhitzen Sie einen Wok auf großer Flamme. Geben Sie das Öl hinzu, danach geben Sie den Knoblauch hinzu und braten diesen etwa eine Minute lang an, bis der Knoblauch sein Aroma verströmt.
2. Den Tintenfisch in den Wok geben und eine Minute unter Rühren braten.
3. Schalotten, Chilischoten, Fischsauce, Austernsauce und Zucker dazugeben und drei Minuten unter ständigem Rühren braten.
4. Das Basilikum hinzufügen und ein letztes Mal umrühren. Das Ganze mit frisch gedämpften Jasminreis und Gemüse nach Wahl servieren.

Gedämpfter Wolfsbarsch mit Soja und Ingwer

Zubereitungszeit: 30 Minuten
Portionen: 4

Zutaten:

- 4 Frühlingszwiebeln, in Scheiben geschnitten
- 25 g Ingwer, in Streifen geschnitten
- 1 EL Sojasauce
- 2 EL trockener Sherry
- 6 Stücke á 180 g Wolfsbarsch, mit Haut
- 6 Bananenblätter, die in einen Dämpfeinsatz passen
- 1 EL Pflanzenöl
- 250 g Pak Choi, in Stück geschnitten
- 3 Knoblauchzehen, gehackt
- 2 TL Sesamöl

Zubereitung:

1. Die Hälfte der Frühlingszwiebeln und den gesamten Ingwer in eine Schüssel geben. Die restlichen Frühlingszwiebeln beiseite legen.
2. Sojasauce und den Sherry über die Frühlingszwiebeln und den Ingwer geben. Fisch mit der Haut nach oben auf ein Brett legen und jeweils sechs kleine Schnitte in die Haut ritzen, damit der Fisch besser gart.
3. Legen Sie die Bananenblätter in den Dämpfeinsatz in Ihren Wok und legen Sie auf jedes Blatt ein Stück Seebarsch.
4. Frühlingszwiebelmischung auf den Fisch geben.
5. Dämpfen Sie den Fisch etwa 6-7 Minuten lang.
6. In der Zwischenzeit das Sesamöl in einem Wok erhitzen und den Pak Choi scharf mit Knoblauch anbraten.
7. Pak Choi auf einen Teller geben, mit dem Fisch und den restlichen Frühlingszwiebeln belegen und mit dem heißen Sesamöl übergießen. Guten Appetit!

Nudelsuppe mit Fischbällchen

Zubereitungszeit: 30 Minuten
Portionen: 2

Zutaten:

- 350-450 g Fischbällchen, aus dem Asia Markt
- 1,5 Liter Fischbrühe
- 200 g Pak Choi, geschnitten
- 150 g Sojasprossen
- 2 cm Ingwer, gerieben
- 200 g Reisnudeln, gekocht
- 1 Prise Meersalz
- 1 Prise weißer Pfeffer
- 2 EL Fischsauce
- 1 TL Sesamöl
- 1 TL Chiliflocken
- 1 EL Korianderblätter, gehackt

Zubereitung:

1. Fischbrühe in einen großen Wok geben und zum Kochen bringen. Das Gemüse und den Ingwer hinzufügen und etwa 1 Minute kochen lassen. Die Nudeln hinzufügen und mit Salz, Fischsauce und Pfeffer würzen.
2. Die Hitze auf mittlere Stufe zurückdrehen und die Fischbällchen in den Wok geben. Etwa 2-3 Minuten kochen lassen. Mit Sesamöl würzen.
3. Teilen Sie die Suppe auf mehrere Teller auf. Mit dem Chiliflocken und Korianderblätter genießen.

Thailändische Kokosnussmuscheln

Zubereitungszeit: 40 Minuten
Portionen: 3-4

Zutaten:

- 2 Knoblauchzehen, grob gehackt
- 5 cm Ingwer, fein gerieben oder gehackt
- 2 Stängel Zitronengras, in Scheiben
- 2 frische Kaffirlimettenblätter, grob gehackt
- 4 Schalotten, fein gehackt
- 1 EL Palmzucker
- 3-4 EL Fischsauce
- 1 EL Pflanzenöl
- 1 kg Miesmuscheln, gereinigt
- 400 ml Kokosmilch
- 1 Limette, nur Saft
- 1 EL Koriander, gehackt
- 1 EL Thai Basilikum, gehackt

Zubereitung:

1. Knoblauch, Galgant, Ingwer, Limettenblätter, Schalotten, Palmzucker, Fischsauce und Pflanzenöl zu einer Paste zerstoßen. Das geht am besten mit einem Mörser oder einer Küchenmaschine.
2. Erhitzen Sie einen Wok und braten Sie die Paste 1-2 Minuten lang an. Miesmuscheln und Kokosmilch hinzufügen, mit einem Deckel zudecken und zum Kochen bringen. Die Hitze reduzieren und 2-3 Minuten oder bis sich die Muscheln geöffnet haben, köcheln lassen.
3. Zum Servieren den Limettensaft, Koriander und Thai-Basilikum unter die Muscheln rühren. Mit gedämpften Reis servieren. Guten Appetit!

Forelle mit Salat, Estragon und Sahne-Dressing

Zubereitungszeit: 30 Minuten
Portionen: 4

Zutaten:

Für die Forelle

- 250 g Reis, ungekocht
- 220 g Kokosblütenzucker
- 8 Teebeutel (z.B. Grüntee), aufgerissen
- 2 Forellen, gereinigt und entschuppt
- 1 Zitrone, in Scheiben geschnitten

Für den Salat und das Dressing

- 150 g Pancetta
- 1 Salatkopf nach Wahl, geputzt
- 2 Köpfe Chicorée, geputzt
- 6 EL Doppelrahm
- 1 Zitrone, nur Saft
- 2 Zweige Estragon, frisch gehackt

Zubereitung:

1. Wok mit Deckel mit Folie auskleiden. Geben Sie den Reis und Zucker in den Boden und streuen Sie die Teeblätter aus den Teebeuteln darüber.
2. Stellen Sie einen Grillrost für Woks in den Wok und legen Sie die Forelle darauf. Anschließend belegen Sie sie mit den Zitronenscheiben.
3. Wok auf hohe Hitze stellen, bis der Tee leicht zu rauchen beginnt. Legen Sie einen dicht schließenden Deckel darauf und räuchern Sie 15 Minuten lang den Fisch. Vergessen Sie nicht, ein Fenster zu öffnen.
4. Wok nach draußen oder ans Fenster bringen, um den Fisch herauszuholen, da bei diesem Vorgang viel Rauch entsteht.
5. Kleine Bratpfanne erhitzen, Pancetta hinzufügen und einigen Minuten knusprig anbraten. Zum Abtropfen auf Küchenpapier beiseite legen.
6. Salatblätter in eine große Schüssel geben und Pancetta dazugeben.
7. Sahne schlagen, bis sie eingedickt ist, dann den Zitronensaft und den gehackten Estragon dazugeben. Zusammen mit dem Fisch und Salat servieren.

Grünes Thai-Curry mit Garnelen

Zubereitungszeit: 20 Minuten
Portionen: 4

Zutaten:

- 2-3 EL grüne Thai-Currypaste, aus dem Asialaden
- 1 EL Pflanzenöl
- 1 Aubergine, gewürfelt
- 400 ml Kokosmilch
- 100 ml Gemüsebrühe
- 1 EL Palmzucker
- 3-4 EL Fischsauce
- 500 g Riesengarnelen
- 1 Limette, Saft
- 1 Bund frischer Koriander, gehackt
- 250-350 g Jasminreis, gedämpft

Zubereitung:

1. Etwas Öl in einem Wok erhitzen und die grüne Currypaste darin anbraten, bis sie angenehm duften. Anschließend mit ca. 100 ml Kokosmilch ablöschen und das Gemüse hinzufügen.
2. Gemüse einige Minuten darin garen. Mit Gemüsebrühe ablöschen und anschließend mit Palmzucker, Fischsauce und Limettensaft abschmecken.
3. Die Garnelen und die restliche Kokosmilch hinzufügen und das Curry für etwa 15 Minuten auf kleiner Flamme köcheln lassen.
4. In Schalen umfüllen und mit duftendem Jasminreis servieren.

Tintenfisch in der Pfanne gebraten mit Apfelsaft

Zubereitungszeit: 20 Minuten
Portionen: 2-3

Zutaten:

Für den Salat

- 6 Minzblätter, gehackt
- 3-4 Esslöffel Gartenkresse, gehackt
- 1 eine Handvoll Salatblätter, nach Wahl
- 2 Granny Smith Äpfel, entkernt, in Scheiben
- 2 EL geröstete gesalzene Erdnüsse, gehackt
- 1 Stängel Zitronengras, in Scheiben geschnitten
- ½ ELgehackter frischer Galgant
- 1 EL Limettensaft
- 3 EL süße Chilisauce
- 2 EL Fischsauce
- 1 EL Palmzucker
- Meersalz, nach Geschmack

Für den Tintenfisch

- 1 EL Sojasauce
- 1 TL Chilisauce
- 1 TLl Honig
- 1 TL Apfelessig
- 1 TL Austernsauce
- 1½ EL Pflanzenöl
- 25 g Ingwer, fein gerieben
- 3 Knoblauchzehen, gehackt
- 250 g Tintenfisch, in Ringe geschnitten
- 100 g Zwiebeln, gewürfelt
- 2-3 Chilischoten, gehackt
- 2-3 Frühlingszwiebeln, in Scheiben geschnitten

Zubereitung:

1. Minze, Kresse, Salatblätter, Apfel und Erdnüsse in eine Schüssel geben und gut vermischen. Zitronengras, Galgant, Limettensaft, süße Chilisauce, Fischsauce und Palmzucker in einer Küchenmaschine zu einer Paste verarbeiten. Das Dressing anschließend über den Salat geben.
2. Sojasauce, Chilisauce, Honig, Essig und Austernsauce in einer Schüssel, vermischen und beiseite stellen.
3. Erhitzen Sie das Pflanzenöl in einem Wok bei starker Hitze. Ingwer, Knoblauch und Tintenfisch hinzufügen und 2-3 Minuten anbraten. Einen Esslöffel Wasser einrühren, damit sich etwas Dampf entwickelt.
4. Die Sojasaucenmischung in den Wok geben und gut verrühren. Die Zwiebel, Chilischoten und Frühlingszwiebeln einrühren.
5. Zum Servieren den Salat auf einen Teller geben und mit dem Tintenfisch belegen. Bei Bedarf mit Nüssen und Frühlingszwiebeln garnieren.

Kabeljau Stir-Fry mit Soja und Mirin

Zubereitungszeit: 30 Minuten
Portionen: 2-4

Zutaten:

- 150 g Kabeljaufilet, ohne Gräten
- 1 EL Sojasauce
- 1 EL Mirin
- 1 TL Reisessig
- 2 TL Sonnenblumenöl
- ½ Paprika, in dünne Streifen geschnitten
- 1 Karotte, in dünne Scheiben geschnitten
- 50 g Zuckerschoten
- 1 TL Sesam

Zubereitung:

1. Fisch in einen Plastikbeutel geben, anschließend Soja, Mirin und Reisessig hinzugeben. Schütteln Sie den Beutel gut und bewahren Sie ihn danach im Kühlschrank auf.
2. Heizen Sie den Wok auf und geben Sie etwas Öl hinein. Fisch aus der Marinade nehmen und im Wok anbraten.
3. In der Zwischenzeit eine Bratpfanne auf großer Flamme erhitzen und Öl hinzufügen. Das Gemüse hineingeben und 30 Sekunden unter Rühren braten. Fügen Sie 2 Esslöffel Wasser und die Marinade des Fisches hinzu und lassen Sie sie 1-2 Minuten köcheln.
4. Das Gemüse auf einem Teller anrichten und mit dem Fisch belegen. Mit Sesamsaat garnieren und zum Beispiel mit Reis servieren.

Riesengarnelen- Pad Thai

Zubereitungszeit: 20 Minuten
Portionen: 2

Zutaten:

- 50 ml Pflanzenöl
- 1 Knoblauchzehe, in Scheiben geschnitten
- 20 Riesengarnelen
- 2 Eier, aufgeschlagen
- 1 EL Garnelenpaste
- 80 g Erdnüsse, geröstet
- ½ TL Chili-Flocken
- 250 g Reisnudeln, gekocht
- 150 g Sojasprossen
- 1 TL Zucker
- 2 ELSojasauce
- 2 EL Fischsauce
- 1 Handvoll frische Korianderblätter, zum Garnieren
- 1 Limette, nur Saft

Zubereitung:

1. Erhitzen Sie das Öl in einem Wok. Knoblauch und Garnelen hinzugeben und zwei Minuten anbraten, dann herausnehmen und beiseite stellen.
2. Die Eier hinzugeben und ein Omelett zubereiten. Sobald das Ei gar ist, das Ei in Stücke schneiden und mit den Garnelen und dem Knoblauch beiseite stellen.
3. Garnelenpaste, Nüsse und Chili hinzufügen und 30 Sekunden anbraten.
4. Nudeln, Sojasprossen, Zucker, Sojasauce und Fischsauce hinzugeben.
5. Geben Sie das Ei und die Garnelen zurück in den Wok.
6. Pad Thai mit einem Spritzer Limettensaft und ggf. etwas rohen Sojasprossen servieren.

Chili-Königskrabbe mit gebratenem Reis

Zubereitungszeit: 30 Minuten
Portionen: 2-3

Zutaten:

Für die Chilikrabbe

- 1 EL Pflanzenöl
- 5 cm Ingwer, fein gerieben
- 3 Knoblauchzehen, gehackt
- 3 Vogelaugenchilies, gehackt
- 125 ml Tomatensauce
- 75 ml süße Chilisauce
- 75 ml Hoisin-Sauce
- 3 EL Fischsauce
- 1 EL Zucker
- 500 g Königskrabben, gekocht

Für den gebratenen Reis

- 2 EL Erdnussöl
- 200 g Basmatireis, gekocht
- 2 Eier, aufgeschlagen
- 2 TL Sesamöl
- 4 Frühlingszwiebeln, in Scheiben geschnitten
- 3 EL gehackte Korianderblätter

Zubereitung:

1. Wok erhitzen und Pflanzenöl, Ingwer, Knoblauch und Chilis hinzufügen und zwei Minuten braten. Anschließend Tomaten-, Chilischoten-, Hoisin- und Fischsauce verquirlen, 75 ml Wasser und Zucker vermischen.
2. Mischung in den Wok geben und zum Kochen bringen.
3. Die Krabben hinzugeben, dann die Hitze reduzieren und 3-4 Minuten köcheln lassen, bis die Sauce leicht eingedickt ist.
4. Einen Wok erhitzen, das Öl und den gekochten Reis hinzufügen und 2-3 Minuten unter Rühren braten. Eier und das Sesamöl in eine Schüssel geben und gut miteinander vermischen.
5. Eier zum Reis geben und 2-3 Minuten unter Rühren weiterbraten.
6. Mit Salz und Pfeffer würzen und weitere zwei Minuten unter Rühren braten, dann die Frühlingszwiebeln und den Koriander unterrühren.

Miso-Heilbutt mit Teriyaki-Gemüse

Zubereitungszeit: über 24 Stunden
Portionen: 3-4

Zutaten:

Für das grüne Gemüse

- 125ml Reiswein
- 125 ml Sake
- 125 ml Mirin
- 125 ml Sojasauce
- 3 EL Streuzucker
- 2 EL Erdnussöl
- 1 Schalotte, fein gehackt
- 4 Knoblauchzehen, gehackt
- 2 cm Ingwer, gehackt
- 2 TL Salz
- 750 g Pak Choi
- 2 EL Wasser

Für den Miso-Heilbutt

- 4 x 150 g Heilbuttfilet, mit Haut
- 4 EL Sake
- 4 EL Mirin
- 4 EL Misopaste
- 3 EL Zucker

Zubereitung:

1. Sake, Mirin, Miso-Paste und Zucker in einer Schale verrühren. Nehmen Sie ein paar Esslöffel der Marinade heraus und bewahren Sie diese für das Dressing auf. Den Fisch in die flache Schale geben, abdecken und 24 Stunden im Kühlschrank marinieren lassen.
2. Wok mit etwas Öl erhitzen, den Fisch aus der Marinade nehmen und so lange anbraten, bis er etwas knusprig wird.
3. Für die Sauce: Erhitzen Sie eine Pfanne und fügen Sie Reiswein, Sake, Mirin, Sojasauce und Zucker hinzu und bringen Sie die Mischung zum Kochen. Lassen Sie die Mischung anschließend 1-2 Minuten köcheln.
4. Erhitzen Sie einen Wok und geben Sie Öl hinein. Schalotte, Knoblauch, Ingwer, Salz und das Pak Choi hinzugeben. Die Teriyaki-Sauce und das Wasser dazugeben und umrühren. Fertig!

Chili-Krabbe aus Singapur mit Eiernudeln

Zubereitungszeit: 30 Minuten
Portionen: 3-4

Zutaten:

- 2 EL Rapsöl
- 10 cm Ingwerwurzel, fein gerieben
- 3 Knoblauchzehen, gehackt
- 3 Chilischoten, fein gehackt
- 4 Frühlingszwiebeln, in Scheiben
- 150 ml Ketchup
- 75 ml süße Chilisauce
- 75 ml Hoisin-Sauce
- 1 EL Fischsauce
- 2 EL Sojasauce
- 200 g Eiernudeln, gekocht
- 1 kg Krabbenfleisch, gekocht und gehackt
- 2 ELl grob gehackte Minzblätter
- 2 EL grob gehackter Koriander

Zubereitung:

1. Erhitzen Sie das Öl in einem Wok. Ingwer, Knoblauch und Chilis hinzufügen und 1-2 Minuten unter Rühren anbraten.
2. Die grünen Teile der Frühlingszwiebeln hinzugeben und weitere 1-2 anbraten. Ketchup, Chilischoten, Hoisin, Fisch- und Sojasauce hinzufügen und die Mischung zum Kochen bringen. Reduzieren Sie die Hitze und lassen Sie die Mischung 4-5 Minuten köcheln.
3. 3 Schöpflöffel der Sauce aus dem Wok nehmen und beiseite stellen.
4. Das Krabbenfleisch in den Wok geben und gut umrühren, dann 4-5 Minuten kochen lassen.
5. Geben Sie die Sauce wieder in den Wok zurück, geben Sie die Nudeln, die weißen Teile der Frühlingszwiebeln und die gesamte Minze und den Koriander in den Wok. Nudeln mit Krabben servieren und genießen.

Ananas-,Garnelen-und Jacobsmuschel-Curry

Zubereitungszeit: 45 Minuten
Portionen: 2-4

Zutaten:

Für die laotische Currypaste

- 1 TLKreuzkümmel, leicht geröstet
- 2 TL Koriandersamen, leicht geröstet
- 1 Zitronengrashalm, in feine Ringe geschnitten
- 1 EL gehackter Galgant
- 1 Kaffirlimette, nur geriebene Schale und Saft
- 1 EL fein gehackter Knoblauch
- 1 Schalotte, gehackt
- 3 EL gehackte Korianderwurzel
- 1 EL gehackte frische Kurkuma
- 1 TL gemahlene Kurkuma
- 1 EL gehackter frischer Ingwer
- 4 rote Vogelaugenchilis
- 2 TLgetrocknete Garnelenpaste (Kapi)
- 1 EL Currypulver
- 2 EL Pflanzenöl

Für das Curry

- 2 EL Erdnussöl
- 3 EL laotische Currypaste (von oben)
- 300 g Garnelen, gereinigt
- 200 g Jakobsmuscheln, gereinigt
- 2 EL Fischsauce
- 1 EL Zucker
- 4 Kaffernlimettenblätter
- 500 ml Kokosmilch
- 1 Ananas, gewürfelt
- 4 Frühlingszwiebeln, in Stücke geschnitten
- 1 Handvoll Thai-Basilikum

Für den Salat

- 50 g Kirschtomaten, halbiert
- 1 Gurke, in Scheiben geschnitten
- 1 Bund Frühlingszwiebeln, in feine Scheiben geschnitten
- 1 Chilischote, in Streifen geschnitten
- 1 Eisbergsalat, in Scheiben geschnitten
- 1 Zitrone, nur Saft

Zubereitung:

1. Für Currypaste werden alle Zutaten zusammen mit einer kleinen Menge Wasser zu einer glatten Paste im Mixer vermischt oder im Mörser zerstoßen.
2. Für Curry erhitzen Sie das Öl in einem Wok und braten die Currypaste eine Minute lang vorsichtig an, bis sie duftet. Die Garnelen und Jakobsmuscheln hinzufügen. Für 2-3 Minuten garen lassen, dann die Fischsauce, Zucker und Kaffernlimettenblätter hinzufügen. Eine Minute lang umrühren. Die Meeresfrüchte herausnehmen.
3. Geben Sie die Kokosmilch in den Wok und bringen Sie sie zum Kochen, dann lassen Sie sie 2-3 Minuten köcheln. Die Ananas hinzufügen und fünf Minuten köcheln lassen. Die Meeresfrüchte in den Wok zurückgeben und die Frühlingszwiebeln und Basilikumblätter hinzufügen. Unter Rühren einige Minuten kochen lassen.
4. Für den Salat alle Zutaten in eine große Schüssel geben und vorsichtig schwenken. Salat und Curry zusammen servieren und genießen.

Fischcurry in Kokosnuss gekocht

Zubereitungszeit: 45 Minuten
Portionen: 3-4

Zutaten:

- 3 Knoblauchzehen
- 3 grüne Chilischoten
- 5 cm Ingwer, gerieben
- 3 EL Erdnussöl
- 1 Zwiebel, in Scheiben geschnitten
- 6 Curry-Blätter
- ¼ TL Kurkuma
- ¼ TL Meersalz
- 200 ml Kokosmilch
- 155 ml Wasser, kochend
- 500 g Schellfischfilets, gewürfelt
- 2 Tomaten, grob gehackt

Zubereitung:

1. Knoblauch, Chilis und Ingwer zusammen in eine Küchenmaschine geben.
2. Das Öl in einem Wok erhitzen und die Zwiebel mit den Curryblättern ca. vier Minuten bei mittlerer Hitze anbraten.
3. Rühren Sie die Knoblauch-Chili-Ingwer-Mischung mit der Kurkuma und dem Meersalz unter. Zwei Minuten braten, dann die 100 ml Kokosmilch mit dem kochendem Wasser hinzufügen. Zwei Minuten köcheln lassen, dann die Fischstücke hinzufügen und 5-6 Minuten köcheln lassen.
4. Fügen Sie die Hälfte der Tomate und die restliche Kokosmilch hinzu und lassen Sie sie 3-4 Minuten köcheln.
5. Fertiges Curry mit Jasminreis servieren.

Gebratener Fisch in würziger Tomatensauce

Zubereitungszeit: 20 Minuten
Portionen: 3-4

Zutaten:

- 450 g Kabelkaufilets
- Meersalz und Pfeffer
- Mehl, zum Bestäuben
- 450 g Tomaten aus der Dose
- 3 EL Olivenöl
- 3 EL grob gehackter Knoblauch
- 2 EL fein gehackte Schalotten
- 1 EL Reiswein
- 1 EL Sojasauce
- 1 EL Chili-Sauce
- 2 TL Zucker
- 1 Handvoll frische Basilikumblätter zum Garnieren

Zubereitung:

1. Den Fisch mit Salz und Pfeffer bestreuen und mit Mehl bestäuben.
2. Tomaten abtropfen lassen, die Hälfte des Safts aufbewahren und das Fruchtfleisch in kleine Stücke schneiden.
3. Einen Wok erhitzen, bis er heiß ist. Das Olivenöl hinzufügen und die Fischfilets hinzufügen und je nach Dicke der Filets etwa 3-5 Minuten von jeder Seite anbraten.
4. Alles bis auf einen Esslöffel Öl aus dem Wok abgießen, Knoblauch und Schalotten hinzufügen und eine Minute anbraten.
5. Die Tomaten, den Tomatensaft, Reiswein, Sojasauce, Chili- Sauce und Zucker hinzufügen und fünf Minuten köcheln lassen.
6. Die Sauce über den Fisch gießen, mit dem Basilikum garnieren und sofort servieren.

Gebratener Fisch mit Knoblauch und Frühlingszwiebeln

Zubereitungszeit: 20 Minuten
Portionen: 3-4

Zutaten:

- 450 g Schollenfilets, gewürfelt, ohne Haut
- 2 TL Salz
- ¼ TL frisch gemahlener weißer Pfeffer
- 2 Eier
- 50 g Maismehl
- 150 ml Pflanzenöl
- 3 EL Knoblauch, gehackt
- 2 EL Frühlingszwiebeln, gehackt
- 2 EL Reiswein
- 2 TL Sesamöl

Zubereitung:

1. Fischfilets mit einem Teelöffel Salz und dem Pfeffer würzen und für ca. 15 Minuten im Kühlschrank lassen.
2. Die Eier in einer kleinen Schüssel aufschlagen. Die Fischstücke mit Speisestärke bestreichen.
3. Einen Wok erhitzen und das Öl hinzufügen. Die Fischstücke auf jeder Seite goldbraun braten. Auf Küchenpapier abtropfen lassen.
4. Wischen Sie den Wok oder die Pfanne sauber. Die restlichen Zutaten und den restlichen Teelöffel Salz hinzufügen. 2 Minuten lang köcheln lassen. Die gebratenen Fischfilets mit der Sauce servieren und genießen. Dazu passt zum Beispiel Reis oder ein Salat.

Fisch in scharfer und saurer Sauce

Zubereitungszeit: 30 Minuten
Portionen: 3

Zutaten:

- 450 g Schollenfilets, ohne Haut, gewürfelt
- Maismehl, zum Bestäuben
- 150 ml Erdnussöl

Für die Sauce

- 150 ml Hühnerbrühe
- 2 EL Reiswein
- 1½ EL Sojasauce
- 2 Esslöffel Chili-Sauce
  ½ TL Pfeffer
- 2 EL Apfelessig
- 2 TL Zucker

Zum Garnieren

- 3 EL fein gehackte Frühlingszwiebeln

Zubereitung:

1. Erhitzen Sie einen Wok, bis er sehr heiß ist. Fügen Sie das Öl hinzu und braten Sie die Fischfilets 2-3 Minuten lang goldbraun an.
2. Die gekochten Fischstücke auf Küchenpapier abtropfen lassen.
3. Das gesamte Öl abgießen. Wischen Sie den Wok ab und erhitzen Sie ihn wieder. Alle heißen und sauren Saucenzutaten hinzugeben, zum Kochen bringen und kurz köcheln lassen.
4. Die Fischstücke hinzufügen und zwei Minuten in der Sauce köcheln lassen. Auf einem warmen Teller servieren und mit Frühlingszwiebeln garnieren.

Thailändische Fischfrikadellen mit Reis

Zubereitungszeit: 30 Minuten
Portionen: 3-4

Zutaten:

- 1 Packung Fischfrikadellen (aus dem Asia-Markt)
- 1 Esslöffel Sesamöl
- 150 g grüne Bohnen
- 100 g Sojasprossen
- 300 g Reis, gekocht
- 3 EL Sojasauce
- 2 EL Sriracha-Chili-Sauce

Zubereitung:

1. Die Frikadellen aus der Packung nehmen, einen Wok mit Sesamöl erhitzen Sie das Sesamöl und die Frikadellen braten.
2. Die in Scheiben geschnittenen grünen Bohnen hinzufügen und 2 Minuten mit anbraten lassen, dann die Sojasprossen hinzufügen und 1 weitere Minute garen lassen. Alles gut miteiander vermischen.
3. Geben Sie die Sriracha-Sauce, Sojasauce und einen Esslöffel kaltes Wasser hinzu. Auf Teller umfüllen und warm servieren!

Seebarsch mit gebratenem Gemüse

Zubereitungszeit: 30 Minuten
Portionen: 3-4

Zutaten:

Für den Seebarsch

- 1 EL Pflanzenöl
- 2 Knoblauchzehen, gewürfelt
- 2 EL Ingwer, gerieben
- 2 Chilischoten, gehackt
- 4 Frühlingszwiebeln, gehackt
- 2 EL Chili-Paste
- 2 EL Sojasauce
- 2 EL Reisweinessig
- 110 ml Hühnerbrühe
- 1 EL Sesamöl
- 4 x 350g Seebarsch-Filets, gereinigt

Für das gebratene Gemüse

- 2 EL Pflanzenöl
- 4 Frühlingszwiebeln, in Scheiben geschnitten
- 150 g Zuckerschoten, in Scheiben geschnitten
- 4 Köpfe Pak Choi, Blätter abgetrennt
- 3 EL Wasser
- 2 EL Sojasauce
- 1 EL Sesamöl

Zubereitung:

1. Den Ofen auf 200 Grad vorheizen.
2. Öl in einem Wok erhitzen. Wenn das Öl heißt ist, Knoblauch, Ingwer, Chilischoten und Frühlingszwiebeln etwa 2-3 Minuten anbraten.
3. Die Chili-Bohnenpaste einrühren und eine weitere Minute weiterbraten. Die Sojasauce, den Reisweinessig und die Hühnerbrühe hinzufügen und die Mischung zum Kochen bringen. Sesamöl hinzugeben und 1-2 Minuten braten, dann den Wok vom Herd nehmen.
4. Die Seebarschfilets auf ein Backblech legen und mit der Sichuan-Sauce bestreichen. In den Ofen schieben und 15-20 Minuten garen.
5. Pflanzenöl in einem Wok erhitzen. Frühlingszwiebeln 1-2 Minuten braten. Zuckerschoten, Pak Choi und Wasser hinzufügen und weitere 2-3 Minuten anbraten, dann Sojasauce und Sesamöl unterrühren.
6. Gemüse zusammen mit dem Fisch und der Sauce servieren.

Krabbe aus dem Wok

Zubereitungszeit: 30 Minuten
Portionen: 3-4

Zutaten:

- 2 rote Chilischoten, entkernt, gehackt
- 30 g Knoblauch, gehackt
- 100 g Ingwer, gerieben
- 50 ml Reisweinessig
- 50 g Zucker
- 2 TL Meersalz
- 50 g Sambal Oelek
- 1 kg Königskrabben, gekocht
- 1 Handvoll Curryblätter
- Etwas Pflanzenöl
- 100 ml Fischsauce
- Schwarzer Pfeffer

Zum Garnieren

- 2 rote Chilischoten, gehackt
- 2 Frühlingszwiebeln, gehackt
- 1 Handvoll Koriander, gehackt
- 1 Handvoll Minzeblätter, gehackt
- 1 Handvoll Thailändisches Basilikum
- 50 g frittierte Schalotten

Zubereitung:

1. In einem Mixer Chili, Knoblauch und die Hälfte des Ingwers mischen und zu einer Paste verarbeiten. Den Reisweinessig, Zucker und Salz hinzufügen. Erneut pürieren und ggf. die Würze anpassen.
2. Etwas Pflanzenöl in einem Wok erhitzen und das Sambal Oelek unter Rühren braten, bis es duftet. Den restlichen Ingwer und das Krabbenfleisch hinzugeben. Den größten Teil der Chilipaste untermischen und etwas aufbewahren für später. Die Curryblätter hinzufügen. Mit einem Deckel oder einem Stück Alufolie abdecken und 5 Minuten dünsten.
3. Mit Fischsauce und schwarzem Pfeffer abschmecken. Die Hälfte der Garnierung hinzufügen und gut mischen.
4. Auf einem Teller anrichten, mit Kräutern und den frittierten Schalotten garnieren. Guten Appetit!

Printed in Poland
by Amazon Fulfillment
Poland Sp. z o.o., Wrocław

68853095R00063